# 近世前期の公儀軍役負担と大名家

## 佐賀藩多久家文書を読みなおす

小宮 木代良◉編

岩田書院ブックレット

H-27 [歴史考古学系]

岩田書院

装幀◉渡辺将史

# 目次

# はしがき

小宮　木代良

「多久家文書」とは、現在、佐賀県多久市の多久市郷土資料館に所蔵されている多久家資料（佐賀県重要文化財）のうち、文書群を総称していう。

ここでいう多久家とは、元亀元年（一五七〇）の入部以降、幕末にいたるまで、小城郡多久地域を領した武家である。入部時、龍造寺隆信の弟長信を初代とし、歴代当主は、龍造寺氏および鍋島氏の重臣として活躍した。とくに、多久家文書の特色として、近世前期の多久家当主の多久安順・多久茂辰等が、初代鍋島勝茂とともに佐賀藩政の中心を担った時期の史料を豊富に含むことが、第一にあげられる。

『佐賀県史料集成』（佐賀県立図書館編集）の刊行事業の中に位置づけられ、第八巻から第十巻が「多久家文書」にあてられている（一九六四年・一九六五年・一九六九年刊行）。一九六〇年代に刊行された多久家文書は、その後、当該期の政治外交史研究の場を中心として広く利用されてきた。その恩恵ははかりしれない。だが、その後五〇年以上を経た今、日本近世史研究全体の進展と佐賀地域史研究の積み重ねに伴い、当時は困難であった個別文書の年次比定や、内容のさらに深い理解が可能となっており、かつ課題ともなっていた。

二〇一四年度から二〇一五年度にかけて行った東京大学史料編纂所共同利用・共同研究拠点特定共同研究「佐賀藩家臣多久家史料の研究」（代表者：小宮木代良）では、編纂所所員と、佐賀県内を中心とする研究者との共同作業により、右の課題に取り組んだ。さらに、二〇一六年度から二〇一七年度にかけては、引き続き同特定共同研究「近世初期大名家における大身家臣史料群の研究資源化」（代表者：小宮木代良）において、この共同作業を継続した。また、二〇一七年度からは、科学研究費「近世大名家臣家史料の共同分析―多久家史料の読み直しを中心として―」（基盤研究（C）研究代表者：小宮木代良）による研究支援を得ている。この間、編纂所からは毎年三～四名、所外の共同研究者は毎年七～八名の参加を得ることが出来た。

以上の共同研究プロジェクトにおいては、勝茂と多久安順・多久茂富・多久茂辰等のあいだで交わされた文書を、両者の所在地や周辺の状況、交わされる情報等をもとにしながら分析し、その年次も確定していく作業の積み上げを共同で行ってきた。既に『佐賀県史料集成』において年次比定がなされているものについても、再度確認を行った。具体的には、全員が顔をつきあわせて数日間ずつ集中して作業を行うための研究会を多久と編纂所で交互に行いながら、その予備作業を行うためのインターネット上の共同フォルダを設定し、日常的にデータや検討情報を共有・交換した。また、多久における原本史料の分析とともに、高精細のカラー史料画像を共有し、可能な限り、原本に戻っての分析検討を行えるようにした。

本書は、そうした共同研究の経過報告として二〇一七年十一月二十六日に多久市東原庠舎（とうげんしょうしゃ）で行ったシンポジウム「多久家文書を読みなおす2」での各報告を論文としてまとめ、公刊することを目的とするものである。このシンポジウムでは、「近世前期における公儀軍役負担と佐賀藩」をテーマとして、近世前期において公儀権力から全国の大名に対して命じられた軍役負担の佐賀藩における実態解明にあたった。このようなテーマを選んだ理由は、近世大名家成立期における藩主と家臣との間にやりとりされた膨大な文書群中で、公儀軍役負担にかかわる史料の占める割合がきわめて高く、かつ、幕府や他の諸大名家とのやりとりも含む内容は、多久家文書と全国の同時代史料との連続した分析に広がっていく可能性をも持つと考えたからである。

軍役をとらえる場合、戦闘行為そのものへの動員としての戦時の軍役と、公儀普請への動員や参勤交代の義務などの平時の軍役にわけることもできる。関ヶ原戦以後の近世初期においては、前者として、大坂冬の陣・夏の陣への動員、天草・島原一揆に対する動員、あるいは、改易等の大名処分に伴う周辺大名の動員が、全国の大名に命じられた。さらに、ポルトガル船の来航禁止に伴う沿岸部や長崎の警備への動員も、佐賀藩は、その中心を担わされた。後者としては、駿府城・名古屋城・大坂城や江戸城等の築城を全国の大名に命じた公儀普請が大規模に行われた。また、参勤交代も次第に制度化されていく。

多久家文書においては、右の諸軍役のうち、駿府城・名古屋城・大坂城・江戸城の普請等を中心とした公儀普請に関する史料と、長崎警備に関する史料が多く残されている。

公儀権力からのきわめて過重な軍役賦課が、それを命じられた大名権力にとってどのような意味を持っていたかという視点から、かつて、それを通して大名権力内部における家臣団支配の強化の梃子として働いた面に注目する軍役論が議論された。

そのような視点は、近世幕藩制国家の形成過程の中で軍役をとらえる場合、現在でも重要な意味を持っている。しかし、ここで、再度、史料の読みなおしを行うことを通して、具体的な軍役遂行の過程を明らかにし、大名およびその構成員にとって、公儀軍役を命じられることが、どのように意識され、どのような意味を持っていたかを多久家文書を通じて確認し直したい。地域権力ごとに、軍役を受け入れるにいたった事情と論理は多様であり、その部分の丁寧な分析が必要であると考えるからである。

なお、共同研究プロジェクトによるシンポジウムとしては、二〇一五年十一月十五日にも「多久家文書を読みなおす」を同じく多久市東原庠舎において開催していた。この時には、特定のテーマは立てず、共同研究参加者全員一一名による個別報告の形式をとった。今回、そのうちの四報告も本報告書に掲載することとしたが、今回のテーマと深く関連する報告も含まれている。併せて御覧いただきたい。

なお、本文中、引用した多久家文書の番号は、『佐賀県史料集成』(第八巻・第九巻・第十巻)において付された番号を採用し、続けて〈 〉内に佐賀県重要文化財「多久家資料」の登録番号を表記した(例:「多久家文書」四三三号〈No.二三七一〉)。引用部分は、今回の読み直しによって修正追加した部分を反映している。また、使用した多久家文書の画像(肖像画を除く)は、東京大学史料編纂所の撮影による。

本書における各報告のもととなった二〇一七年度開催のシンポジウムの概要を以下に示す。

◆二〇一七年十一月二十六日、於多久市東原庠舎開催「多久家文書を読みなおす2」東京大学史料編纂所共同利用・共同研究拠点特定共同研究「近世初期大名家における大身家臣史料群の研究資源化」プロジェクトグループ成果報告シンポジウム

参加者八〇名

テーマ　近世前期における公儀軍役負担と佐賀藩

個別報告1　及川　亘(東京大学史料編纂所)「現場監督する大名—多久家文書にみる公儀普請—」

個別報告2　大平　直子(佐賀市教育委員会)「城割だって公儀普請?!—多久家文書にみる大坂冬の陣後の城割普請—」

個別報告3　清水　雅代(佐賀県立図書館)「佐賀藩の長崎警備—正保二年の鍋島勝茂書状を中心に—」

個別報告4　小宮　木代良(東京大学史料編纂所)「明清交替情報と佐賀藩の長崎番役」

また、附章として掲載した四論文(＊)が報告された二〇一五年度開催のシンポジウムの概要は以下の通りである。

◆二〇一五年十一月十五日、於多久市東原庠舎開催「多久家文書を読みなおす」東京大学史料編纂所共同利用・共同研究拠点特定共同研究「佐賀藩家臣多久家史料の研究」プロジェクトグループ成果報告シンポジウム

参加者九〇名

報告1　志佐　喜栄(多久市郷土資料館)「多久家文書のあらまし」
報告2　野口　朋隆(昭和女子大学)「佐賀藩における家老の成立」
報告3　大平　直子(佐賀市教育委員会)「竜造寺氏の佐賀城から鍋島氏の佐賀城へ」
報告4　本多　美穂(佐賀県立図書館)「「読み直し」の技法—無年号文書の年次比定—」
報告5＊松田　和子(佐賀県立図書館)「めでたき春—寛永十六年正月勝茂親子の将軍御目見え—」
報告6　清水　雅代(佐賀県立図書館)「焼物師の統制に関する鍋島勝茂書状の年次比定について」
報告7＊及川　亘(東京大学史料編纂所)「鍋島勝茂書状の封式について」
報告8　藤井　祐介(佐賀県立佐賀城本丸歴史館)「多久家文書にみる天皇即位と大名の対応」
報告9＊佐藤　孝之(東京大学史料編纂所)「「御上洛」情報の真偽」
報告10＊小宮　木代良(東京大学史料編纂所)「肥前杵島郡白石地域と鍋島勝茂」
報告11　大園　隆二郎(多久古文書の村)「有田における高原市左衛門尉」

なお、右の各報告者のほか、プロジェクトには、田久保佳寛(小城市教育委員会)・佐藤紘一(鳥取県立図書館)・石津裕之(東京大学史料編纂所)の参加を得ている。

# 第一章　現場監督する大名
## ―多久家文書にみる公儀普請―

及川　亘

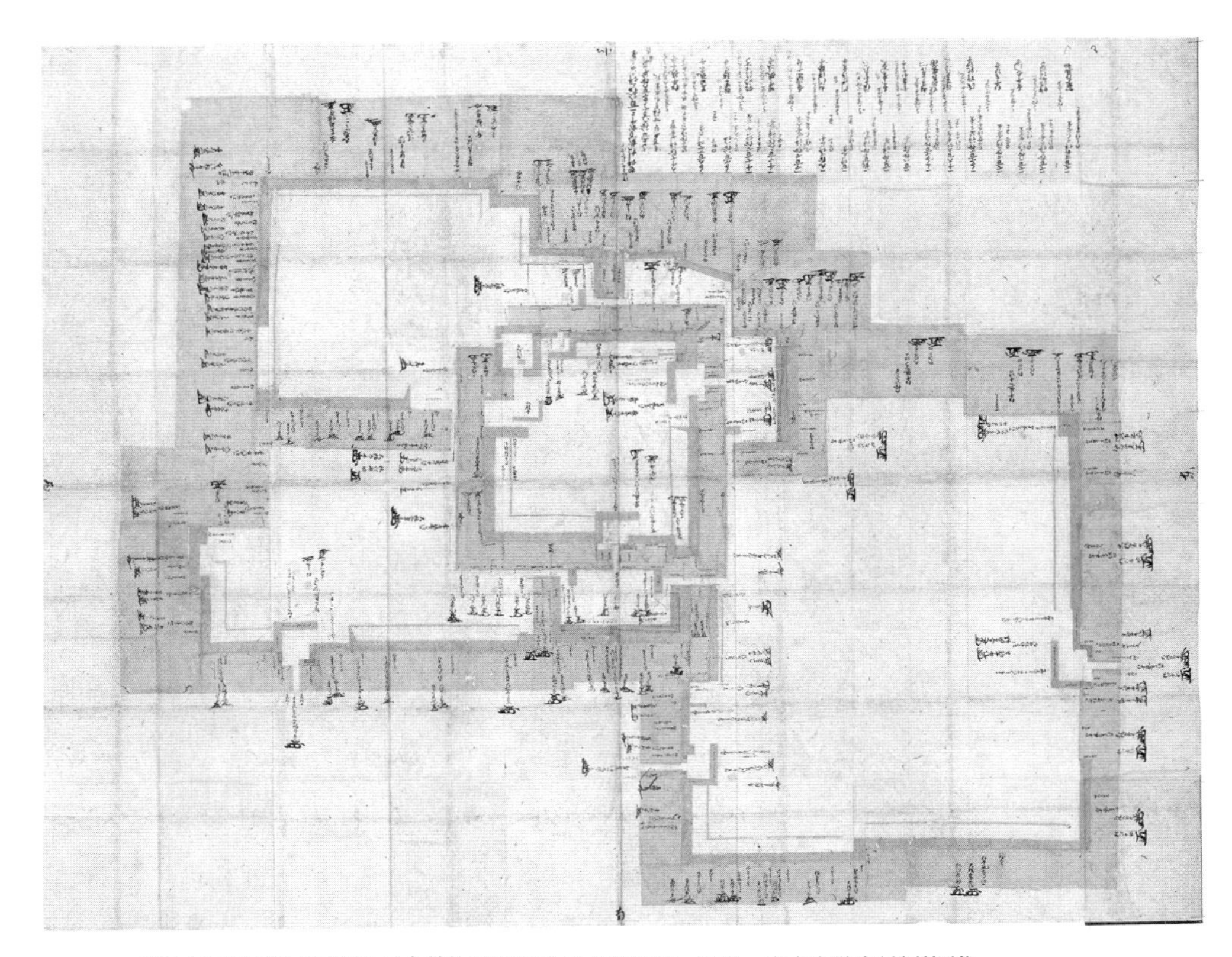

「名古屋御城石垣絵図」（全体）（靖國神社遊就館所蔵、撮影・東京大学史料編纂所）

# 第一節　近世初期の公儀普請と佐賀鍋島家

## 1 公儀普請とは

幕府（公儀）が諸大名を動員して実施する土木・建設工事を、公儀普請という。公儀普請の助役は、幕府が大名に対して石高（表高）に応じて賦課した軍役の一種であり、戦争時の軍事動員と同様、大名にとっては決して疎かにできない基本的な義務であった。このように、直接戦争に参加するのとは異なる平時の軍役としては、公儀普請助役のほかに江戸参勤や将軍上洛時の供奉などがあり、諸大名には重い負担としてのしかかった。しかし一方で、軍役としての性格から、公儀普請に参加して役を満足に果たすことは、戦争での功績と同様に認識され、名古屋城普請で加藤清正が自ら最も目立つ天守台の普請を申し出たように、各大名家としては幕府への奉公をアピールする場でもあった。

公儀普請には城郭建設・河川改修などがあったが、江戸幕府初期の慶長・元和・寛永期には、江戸城・駿府城・大坂城・二条城のような将軍家直轄の城や、名古屋城（尾張、徳川義直）・高田城（越後、松平忠輝）のような徳川家一門の城、膳所城（近江）・彦根城（近江）・篠山城（丹波）・亀山城（丹波）のような京都周辺の要地に配置された譜代大名の城などの城郭建設が盛んに行われた。豊臣秀頼がいまだ大坂に健在であった慶長期の公儀の城普請は、豊臣氏への軍事的対応が主たる目的であった。豊臣氏滅亡後も、大坂では豊臣時代の城とは面目を一新した大坂城が、西国に睨みを利かせる徳川氏の城として再築された。また幕府の本拠として江戸城の築城も続けられ、京都における将軍の居城である二条城も大規模な改築が行われた。

ひとことで普請といっても、公儀普請による城郭建設工事は、当時の用語で石垣・堀などの土木工事である普請と、天守・殿舎などの建物工事である作事とに区別される。広く大名に賦課されたのは石垣・堀の工事の助役であり、ここでも普請という言葉を主に石垣・堀の土木工事を指す言葉として使用する。

## 2　鍋島勝茂の慶長・元和・寛永期の公儀普請助役

佐賀鍋島家もまた慶長・元和・寛永期には数々の公儀の城普請にかり出された。この時期に佐賀本家の当主であった鍋島直茂・勝茂や小城分家の元茂の年譜、享保八年（一七二三）に鍋島家が幕府に提出した公儀普請助役の記録（「吉茂公年譜」）から公儀普請関係の記事を抜き出し、『大日本史料』第十二編収録の史料や、それぞれの城郭に関する先行研究（章末「参考文献」参照）により裏づけられるものを挙げると、鍋島家の携わった公儀の城普請は以下のようになる。

・慶長　七年（一六〇二）六月一日〜…………伏見城
・慶長十二年（一六〇七）二月十七日〜………　駿府城
・慶長十五年（一六一〇）六月三日〜…………名古屋城
・慶長十九年（一六一四）四月八日〜…………江戸城
・元和　六年（一六二〇）三月一日〜…………大坂城
・寛永　元年（元和十年〔一六二四〕）二月一日〜…大坂城
・寛永　五年（一六二八）三月上旬〜…………大坂城
・寛永十三年（一六三六）一月八日〜…………江戸城

ここに記した日付は、「鍬始」や「根石置き」という言葉で表現される普請の開始日、すなわち幕府が助役大名に対して一斉に工事開始の号令をかけた日を指す。しかし実際には諸大名は、前年、場合によっては前々年には、取次の幕府年寄(後にいう老中)など幕閣を通じて得られる情報や、幕閣から直接情報が得られなくても大名の間で流れる風聞によって、公儀普請の予定を知ることになり、その後幕府から正式な命令とともに普請の開始日が示される。助役を命じられた各大名は、それぞれ割り当てられた丁場(工事担当箇所)に合わせて予め石垣の石の手配や石置き場の選定、労働力の確保など準備に努め、工事の開始に備えた。通常、石垣の工事そのものは半年ほどで終わったが、担当箇所が崩れたり孕んだりして改修を命じられ、翌年・翌々年まで継続する場合もあった。鍋島家では約三十五年の間に八回もの助役に当たっており、これが初期の藩財政の窮乏にも大きく関わっていた〔城島一九八〇〕。

## 第二節　現場監督する大名

### 1　現場監督する大名

公儀普請の助役は、軍役としての性格上、本来は大名本人が現地に赴いて家中を陣当指揮するのが原則だったと考えられる。

実際に、家康九男義直の居城として建設された慶長十五年(一六一〇)の尾張名古屋城普請では、主に徳川家と姻戚関係のある諸大名が普請助役を命じられたが、二月に駿府滞在中の秀忠に謁見した助役の諸大名は、そこから名古屋に赴いたとされる(「当代記」「台徳院殿御実紀」)。例えば、豊前小倉城主・細川忠興が現地での石の調達について子の忠利に送った閏二月二十二日付の書状(『大日本近世史料　細川家史料』一　四三号)には、「今朝之書状酉刻披見候」とあり、両者が現地でその日のうちにやり取りできる距離にいることが分かるし、筑前福岡城主・黒田長政は、京の茶

**図１　「尾張名所図会」巻一より「加藤清正石引の図」**（愛知県図書館所蔵）

人福阿弥に送った閏二月二十二日付の書状（「金地院文書」）で、自身は公儀普請のために名古屋に滞在しており、それが終わったら京都に立ち寄って面会したいと記している。また紀伊和歌山城主・浅野幸長も、九月二十六日付で在江戸の父長政が国許に送った書状などから、九月上旬まで名古屋に詰めていたことが分かる（「済美録」清光公巻八）。このように助役の大名たちが自ら現地に赴いていたことが、一次史料からも裏づけられる。

この時、名古屋城の天守台を築いたことで知られる肥後熊本城主・加藤清正については、それから五十年ほど後の寛文年間に成立したとされる「続撰清正記」に、十六歳ばかりの美麗な小々姓とともに自身も石に登って大音声で木遣りを唱えたとあり、幕末に版行された「尾張名所図会」巻一の「加藤清正石引の図」（図1）では、それらの逸話が取り入れられて、清正自ら台車で牽引される大石の上で扇を振って石を引く人足たちを励ます姿が描かれている。本当に清正本人が石に登って石引きを励ましたかどうかは別として、大名自身が工事現場に赴いて現場監督するというあり方が表現されたものとしてよく理解できる。

慶長十五年は譜代大名・岡部長盛の丹波亀山城も公儀普請により建設されたが、この時、五層の天守を献上した伊勢津城主・藤堂高虎も現地に赴いて普請を指揮した(「公室年譜略」八　高山公五)。七月に工事を終えた高虎は亀山から駿府に赴いた。名古屋を経由する予定であったが、事情により津から伊勢湾を渡海して直接三河の吉田に向かったことが、名古屋城普請に詰めていた浅野幸長との書状のやり取りから分かる(「宗国史」録第三　賜書録四)。駿府に着いた高虎に美作津山城主・森忠政が八月十六日付で送った書状には「今度は於亀山種々御懇意共忝存知候」(同上)とあって、忠政もまた高虎と同じく本人が亀山に赴いていたことが分かる。また丹波では、前年の松平康重の篠山城の公儀普請でも、助役大名たちが自身現地に赴いたことが知られている〔穴井二〇〇四〕。

慶長十九年の越後高田城の普請では奥羽の諸大名に助役が命じられた。前年十月に普請助役の命令とともに、在国中の大名には当年の江戸参府の免除が触れられた。高田城主・松平忠輝(家康六男)の舅として全体の工事責任者となった仙台城主・伊達政宗は、久保田城主・佐竹義宣に送った十二月十三日(慶長十八年)付の書状で、自身も高田に向かう予定であると述べている(「千秋文庫所蔵文書」)。ところが大名本人たちの高田への出馬は遅れた。義宣も二月に一度は久保田を発ったが、途中で政宗に問い合わせたところ、「今度之御ふしんに、各は下代計被遣、其身〳〵は無御越之由、風聞候」(「伊達政宗記録事蹟考記」)との返事であった。この風聞は、同年に行われた江戸城の普請においては、幕府が助役大名の江戸詰め不要の意思を明らかにしていたことによるのであろう(『出水叢書　綿考輯録』第二巻)。その上、二月には幕府の重鎮として権勢をふるった大久保忠隣が突如改易され、江戸の政情も不穏なものがあった。結局、政宗は三月にまず江戸に参府をして情勢を確認し、その後越後に向かった(「伊達政宗記録事蹟考記」)。一旦久保田に戻った義宣は四月六日に再度久保田を出発し、六月中に工事が終了するまで国許に帰ることもなく現地に詰めた（『大日本古記録　梅津政景日記』一　慶長十九年四月六日条）。また山形城主・最上家親も現地に詰め、五月十三日付・六月二十一日付で二度に亙って秀忠からの見舞いの御内書を受け取っている（「譜牒余禄後編」四　最上刑部）。

また、元和六年（一六二〇）の大坂城普請に際して、上方に赴いた小倉細川家の嫡男・忠利が国許の家老・松井興長に宛てた正月十五日（元和六年）付の書状には次のようにある。

〔史料1〕『大日本近世史料　細川家史料』八　細川忠利文書二号

一大坂へ諸大名罷上、つきて可罷有由被申候ニ付而、御普請御奉行衆・御年寄衆へ談合被申候処ニ、当座之見廻は其分、つきて被居候儀は無用と被申候由、渡筑後内儀にて（渡辺勝）被申聞候間、又大炊殿（土井利勝）へ当座之見廻はいかゝ御座候ハん哉と尋候へハ、不入儀と御申候、（上下略）

助役の諸大名自身が普請の期間中に大坂に詰めて居る必要があるのかという問いに対して、幕府普請奉行の一人である渡辺勝からは、当座の見回りはそれぞれだが詰めて居る必要はないとの回答であり、幕府年寄の土井利勝からは、当座の見回りも不要であるとの返事であった。加賀前田家でも当主の利常は赴かず、家老の本多政重と横山長知を現地に派遣したとされる（「加賀金沢前田家譜」）。実は、例えば土佐高知城主・山内忠義は前年の九月十六日付で「自身御上ハ御無用候」との老中奉書（高知城歴史博物館所蔵「山内家文書」老中奉書六〇号）を受け取っており、この段階で他の助役の諸大名にも自身が現地に詰める必要はないとの幕府の方針が触れられていたものと考えられる。このように元和六年の大坂城普請では大名本人が現地に詰めることはなかった。しかし細川家において当主の忠興自身が現地に赴くべきかどうかが問題となり、わざわざ改めて幕府に問い合わせているように、本来は大名本人が普請現場に出勤するのが原則であるという認識があったことが分かる。

助役を賦課された大名は、その負担を普請役として領内の給人（家臣）に知行高に応じて転嫁した。これは原則としてすべての給人を対象として軍役規定に則って賦課され、出役した給人は、普請現地では工事の実態に合わせて再編されたであろうが、動員そのものは戦時の軍事動員と同じ組織でもって編成された。慶長期の萩毛利家では公儀普請のたびごとに給人の出役規定が定められたが、代役・代銭の規定もあるものの、給人自身が出役するのが原則であったと考えてよいだろう。大名家臣団にとっても普請役は戦時の軍事動員に準ずる基本的な負担であった〔森下二〇一三・二〇一五〕。

### 2　普請現場における将軍・幕閣の迎接

江戸城の普請では将軍自ら工事の進捗状況を確認するために巡見することがあり、そのような場合には、参勤により在府中の大名は出来るだけ普請場に出て迎接するのが通常であった。「台徳院殿御実紀」や「伊達政宗記録事蹟考記」によると、特に慶長十六年の江戸城普請では、将軍秀忠は三月から五月にかけて連日のように普請場を巡見している。在府中の伊達政宗は必ず自身の丁場で秀忠を迎えたわけでもないが、それでもなるべく立ち会えるように努めた節は見受けられる。

寛永十三年（一六三六）の江戸城普請の際には、鍋島勝茂は国許の多久茂辰に二月十二日付の書状で次のように書き送っている。

〔史料2〕「多久家文書」二一三号〈No.二一四三〉

一先日、　上様御普請場　御成候刻、我等両於丁場、別而　御機嫌能、御懇ニ被成　上意、外聞忝仕合、可有推察
候、還　御後、伊井（マヽ）掃部殿（直孝）・大炊頭殿（土井利勝）・讃岐守殿（酒井忠勝）・下総守殿（松平忠明）・御普請御奉行衆、我等小屋へ御立寄、緩々と御坐

候ニ付而、不取敢ニ御食出し、御酒被聞召、我等も殊外給酔候儀、可有推量候、一昨日も、御年寄中、若御年寄衆、御普請御奉行衆、我等小屋へ不残御立寄、御茶御聞召候、於様子ハ無残所仕合ニ候条、心安可被存候、（下略）

将軍家光が普請場を巡見した際に鍋島家の丁場にも立ち寄り、勝茂に対して非常に機嫌よく懇ろな上意を伝えた。家光の帰った後には、幕府の年寄衆や普請奉行衆も勝茂の普請小屋に立ち寄ったので、宴会を開いてもてなし、勝茂自身も非常に酔っぱらってしまった。その数日後にも年寄衆と普請奉行衆が勝茂の小屋に立ち寄り、その時は茶を出してもてなした。普請現場に将軍の訪問を受けたことは鍋島家としては非常に外聞が良く、幕府の評価も問題ないので、国許でも安心するように。という内容である。

大名側としては将軍・幕閣を普請場に迎える機会は自家の忠節を幕府にアピールする場となり、幕府側としても、単に工事の進捗を確認するだけでなく、助役に従事する大名と意思の疎通を図り、家中の様子なども探る機会となっただろう。

普請場での宴会といえば、慶長十二・十三年の駿府城築城の様子をそれほど下らない時期に描いたともとされる「築城図屏風」

図２　「築城図屏風」より大名の宴会の場面（名古屋市博物館所蔵）

れの大名の普請場を訪問し、宴会でもてなされるという光景は、どの公儀普請の現場でも見られたことであろう。の情景を描いたものかもしれない。大坂などの遠隔地では将軍本人が普請場を巡見することはないが、幕閣がそれぞころであるが、これも単に現場に詰めた大名が無聊を紛らわせるために開いた物見遊山の宴会ではなく、幕閣の迎接いるのが想起される(図2)。大名が幕を張ってその内側に毛氈を敷き、築城の様子を見物しながら宴会をしていると(名古屋市博物館所蔵)にも工事現場の喧騒や、そこに集まってくる庶民の様子とともに武士の宴会の場面が描かれて

### 3 普請工事の管理と合理化—大名本人の普請場出勤の停止—

先に触れたように、元和六年の大坂城普請では、助役大名は自身現場に詰めることを求められなかった。この普請は三期にわたって実施される大坂城普請の第一期に当たる工事であるが、この後、寛永元年の第二期、寛永五年の第三期でも、諸大名本人が普請期間中に現地に詰めた形跡はない。幕府の方針が大名本人の普請場出勤の停止へと転換したことが指摘されている(木越二〇一二)。また元和・寛永期の江戸城普請でも同様である。

寛永十三年の江戸城普請に際して幕府は大名自身が丁場へ詰めることを明確に禁止している。

〔史料3〕「多久家文書」三二号〈No.一九六二〉

一爰元御普請、今日八日(マヽ)ゟ之鍬初ニ而候、昨日惣御普請衆家老下奉行被召寄、御年寄中直ニ被仰渡候ハ、御普請惣様、急ニ不仕、土台木・根石・なら石置候儀なとも、諸手同前ニ、手後之方候ハヽ、待合可然由、堅被仰渡候、自身丁場へ付居候儀も御法度之由ニ候、旁以忝仕合と、各も被申事ニ候、(上下略)

正月七日付で鍋島勝茂が国許の多久茂辰に対して正月八日の「鍬初」を報じた書状である。翌日の工事開始に先立ち、幕府普請奉行が各大名家の家老・普請奉行を集めて直接注意を喚起した。すなわち工事は全体として急にはせず、

各家が足並みをそろえ、作業の遅れる家があれば待ち合わせて進めるように、また大名自身が丁場に詰めることは禁止する。という内容である。それに対して、大名本人が丁場に詰めるのは負担でもあるので、各大名家の側もありがたい通達だと受け止めている。普請場で突出した成果を上げて目立とうとする大名のスタンドプレーを禁止したものである。

一方で、江戸参府中の肥後熊本城主・細川忠利は子の光利（後の光尚）に次のように意見している。

〔史料4〕『出水叢書　綿考輯録』第五巻

其方事、今日もつきてふしんニいられ候よし、それハあしく候、わけハ其方丁場ニいられ候内ニ、内之者ともつきん（頭巾）もなしにい申候故、煩申候、成事にて無之候、少之間見廻候而、其まゝ内ニ入候て可然候、（下略）

光利は今日も丁場に詰めていたようだが、それは良くない。その理由は、光利が丁場に居続けると、それに遠慮して家中の者が頭巾も被らずにいなければならず、そのために病気になってしまう。少しの間現場を見廻ってそのまま屋敷に戻るのが良い。というのである。忠利自身も普請場に詰めないし、それに準ずる光利も詰める必要はないという認識である。また幕府の法度に対応して、細川家が突出して見えないようにという配慮が働いていたのかもしれない。

そもそも助役の大名にそれぞれの丁場を割り当てて工事させる割普請では、幕府が諸大名の功名心を利用した側面もあり、各大名は戦場で軍功を追い求めるのと同様、先を争って自らの丁場の工事を進めた。周辺の大名の丁場の進捗状況や、普請場での自家の評価などにも気を配り、少しでも他家に先んじて工事を仕上げようと努力した。「鍬始」や「根石置」と呼ばれる工事開始の号令は幕府によってなされるものであるが、寛永元年二条城普請での尾張徳川家のように、勝手に根石を置いたことを幕府普請奉行に咎められ、一旦置いた石を外すように命じられたりすることもあった（北原一九九九）。また大名同士が互いに先を争って工事を進めると、隣接する丁場との接続箇所がうまく合わないことがあり、石垣を少しずつ崩して築き直さなければならないこともあった（白峰二〇〇八）。大名は大名で自身の丁場をいち早く竣工させて名をあげたいと考えたが、一方幕府普請奉行の側でも、自分たちが普請全体の工程を管理する責任があった。幕府は大名同士を競わせるより工事の管理の方に重点を置くようになったことが分かる。元和・寛永期の江戸城・大坂城の普請において、幕府普請奉行の監督下に出役大名が組に分けて編成された（木越二〇一二・野中二〇一五）のもその一環であると考えられる。

工事自体も合理化が図られた。寛永六年（一六二九）の江戸城普請では、石垣築造の「築方」と石材運搬（石寄せ）の「寄方」の分業体制によって工事が進められ、寛永十三年の江戸城普請では西国大名を中心として「石垣方」、東国大名を中心として「掘方」が割り当てられた（松尾一九八六・北原一九九九・野中二〇一五）。もともと東国の城郭では石垣の城は少なく、東国大名には石垣普請を苦手とするものが多かった。出羽久保田城主の佐竹義宣などは、寛永元年に秀忠の隠居所として小田原城普請の計画（実際には実現しなかった）が持ち上がった際に、幕府への取次の旗本島田利正に次のように述べている。

〔史料5〕『大日本古記録　梅津政景日記』五　寛永元年七月二十五日条

（上略）当国地下人ハ不及申ニ、侍共も普代ひたち（常陸国）ものニ候間、石垣御普請ハ一切不案内ニ御座候間、御堀普請か御引普請か、いつれ成共土普請被仰付候様ニ憑入候由、若又ごろうた（五郎太）はこひ入候なとハ可仕由、御意ニ候、（下略）

自分の領国の領民はもちろん、侍たちもみな常陸在国時代以来のもので、石垣普請は一切不案内なので、堀の普請か石寄せか、いずれにしても土の普請を命令して欲しい。というのである。寛永六年・寛永十三年の江戸城普請にみられる分業体制は、こうした大名側の実情や要望も反映したものであったと考えられる。

元和・寛永期の公儀普請において、幕府が大名本人を普請現場に詰めさせなかったのは、すでに豊臣氏が滅亡していたことも関係があるだろう。慶長後半期の幕府による城郭建設は、豊臣包囲網を確立する上で、城郭建設そのものの軍事的な重要性もさることながら、幕府が実際に諸大名を軍事動員するということによる示威が大きな意味を持っていたものと考えられる。一方、豊臣氏滅亡後に行われた江戸城と大坂城の普請は、それ以前のような軍事的緊張とは関係なく進めることができた。江戸城については全国を統治するにふさわしい幕府の本拠地の城として城下町とも整備を行い、大坂城については豊臣氏亡き後の新たな大坂の支配者の城として、豊臣時代の大坂城とは面目を一新した。ともに城郭建設そのものだけに注力すればよい条件の下で進められたのである。

## 第三節　「多久家文書」の名古屋城普請関係鍋島勝茂自筆書状

### 1「多久家文書」の公儀普請関係史料

多久市郷土資料館所蔵「多久家文書」には、公儀普請に関連して鍋島勝茂が発給した文書が四〇通あまり含まれている。それらを一覧にしたのが次頁以下の表「公儀普請関係文書」である。年次比定が可能な文書は年次比定を行い、それがどの城の普請に関連するものであるかも示した。この中には一三通の勝茂の自筆書状が含まれるが、そのうち多久安順に宛てた「多久家文書」二五八号〈No.二一八八〉・二六七号〈No.二一九七〉・三一四号〈No.二二四四〉を除き、表に網掛けをした残りの一〇通、二三一号〈No.二一六一〉・二六二号〈No.二一九二〉・二七二号〈No.二二〇二〉・二八三号〈No.二二一三〉・三一二号〈No.二二四二〉・三一六号〈No.二二四六〉・四三三号〈No.二三七一〉・四三四号〈No.二三七二〉・四四〇号〈No.二三七八〉は、全て多久茂富に宛てたものである（表の網掛部分）。

| 文書の方向 | 城** | 備　　考 |
| --- | --- | --- |
| 伏見→国許 | 伏見城 | 「御大方様御煩」 |
| 不明→駿府カ | 駿府城or名古屋城 | 勝茂と安順が近所にいる |
| 不明→駿府カ | 駿府城or名古屋城 | 幕府普請奉行名から |
| 国許→駿府 | 駿府城 | |
| 駿府→駿府カ | 名古屋城カ | 「加肥殿普請之者」 |
| 名古屋カ→名古屋カ | 名古屋城カ | 「方々ゟ使者可参」「明朝ゟ其方小やへ可参候」 |
| 名古屋→名古屋 | 名古屋城 | 「北の丁場」 |
| 名古屋→名古屋 | 名古屋城 | 「北の丁場」、「松筑前殿ふけ丁場」 |
| 名古屋→名古屋 | 名古屋城 | 「雲州への石」 |
| 名古屋→名古屋 | 名古屋城 | 「三州濃州ゟ大石」 |
| 名古屋→名古屋 | 名古屋城 | 「有無ニ廿四日切ニ出来候様ニ」 |
| 名古屋→名古屋 | 名古屋城 | ますかた |
| 名古屋→名古屋 | 名古屋城 | 「今朝申渡候石改之儀」 |
| 名古屋カ→名古屋カ | 名古屋城カ | 「石垣殊外急敷候間」 |
| 名古屋→名古屋 | 名古屋城 | 「四尺より上ノ石」、日付異筆 |
| 国許→江戸 | 江戸城 | 「長門」は慶長13年以降 |
| 大坂→国許 | 大坂城 | 城割普請 |
| 大坂→国許 | 大坂城 | 城割普請 |
| 不明→国許 | — | 「公儀御普請割覚」 |
| 不明→国許 | — | 「公儀御普請之刻、役相除分」 |
| 国許→大坂 | 大坂城 | 「升形之儀」、幕府普請奉行名 |
| 参勤途上→大坂カ | 江戸城・大坂城 | 「去年伊豆御普請」「当年大坂御普請」 |
| 江戸→国許 | 大坂城 | 「来年大坂御普請」 |
| 江戸→国許 | — | 公儀普請料 |
| 江戸→国許 | — | 公儀料 |
| 江戸→国許 | 江戸城 | 来年の普請担当箇所は桝形 |

**表　「多久家文書」公儀普請関係文書**

| 文書番号 | 年* | 月　日 | 文　書　名 | 宛　　所 |
|---|---|---|---|---|
| 246 | ［慶長７年］ | ８月16日 | 鍋島勝茂書状 | 龍与兵 |
| 257 | ［慶長13年or15年カ］ | 正月２日 | 鍋島勝茂書状 | 多久長門 |
| 297 | ［慶長13年or15年カ］ | 正月２日 | 鍋島勝茂覚書 | 多久長門 |
| 247 | ［慶長13年］ | ７月12日 | 鍋島勝茂書状 | 多長門 |
| 267 | ［慶長14〜15年カ］ | | 鍋島勝茂自筆書状 | 長門 |
| 231 | ［慶長15年カ］ | | 鍋島勝茂自筆書状 | 図書 |
| 262 | ［慶長15年］ | | 鍋島勝茂自筆書状 | 図書 |
| 272 | ［慶長15年］ | | 鍋島勝茂自筆書状 | 図書 |
| 283 | ［慶長15年］ | 25日 | 鍋島勝茂自筆書状 | 図書 |
| 310 | ［慶長15年］ | | 鍋島勝茂自筆書状 | 図書 |
| 312 | ［慶長15年］ | | 鍋島勝茂自筆書状 | 図書 |
| 316 | ［慶長15年］ | | 鍋島勝茂自筆書状 | 図書 |
| 433 | ［慶長15年］ | | 鍋島勝茂自筆書状 | 図書 |
| 434 | ［慶長15年カ］ | | 鍋島勝茂自筆書状 | つ書 |
| 440 | ［慶長15年］ | （４月24日） | 鍋島勝茂自筆書状 | 図書 |
| 258 | ［慶長19年カ］ | 正月４日 | 鍋島勝茂自筆書状 | 長門 |
| 224 | ［慶長20年］ | 正月11日 | 鍋島勝茂書状 | 多長門 |
| 253 | ［慶長20年］ | 正月15日 | 鍋島勝茂書状 | 多長門 |
| 263 | 元和２年 | ６月13日 | 鍋島勝茂覚書 | 長門・右近・主殿・下総 |
| 322 | 元和２年 | ６月13日 | 鍋島勝茂覚書 | 長門・右近・主殿・下総 |
| 269 | ［元和６年］ | ７月20日 | 鍋島勝茂覚書 | 長門・主殿 |
| 270 | 元和６年 | 11月26日 | 鍋島勝茂覚書 | 長門・主殿 |
| 261 | ［寛永４年］ | ９月19日 | 鍋島勝茂覚書 | 長門・石見・主殿 |
| 265 | ［寛永６年カ］ | ５月10日 | 鍋島勝茂覚書 | 長門・石見・主殿 |
| 242 | ［寛永10年or12年］ | ９月20日 | 鍋島勝茂書状 | 多久美作 |
| 206 | ［寛永12年］ | ５月７日 | 鍋島勝茂書状 | 石見・若狭・美作・対馬・諸岡彦右衛門尉 |

| 江戸→国許 | 江戸城 | 「来年御普請鍬初」 |
|---|---|---|
| 江戸→国許 | 江戸城 | 来年江戸城普請 |
| 江戸→国許 | 江戸城 | 「公儀御普請役相調」 |
| 江戸→国許 | 江戸城 | 正月８日鍬始め |
| 江戸→国許 | 江戸城 | ３月中旬には終了の予定 |
| 江戸→国許 | 江戸城 | 「当年御普請」 |
| 江戸→国許 | 江戸城 | 「此地御普請」 |
| 江戸→国許 | 江戸城 | 「上様御普請場御成」 |
| 江戸→国許 | 江戸城 | 「日光御遷宮」 |
| 江戸→国許 | 江戸城 | 「寛永十弐年之諸算用幷御普請入具之算用」 |
| 江戸→国許 | 江戸城 | 「去年江戸御普請」 |
|  | ― | 「普請料」、要検討 |

※多久家文書研究会における参加者諸氏による成果を利用させていただいた。また網掛部分については本文中の分析による。

多久家初代の多久安順は、もともと鍋島家の主家であった龍造寺家の一門の出身であり、安順は慶長・元和期には他の三人の龍造寺一門出身者とともに鍋島家の家老を務めていた。その養子となったのが茂富で、茂富は寛永五年（一六二八）二月に理由は分からないが勘当され、茂富の子茂辰が二代目の当主となった。表に現れる文書は、いずれもこれら三人のいずれかに宛てられたものである。三人の略歴は以下の通りである。

・多久安順…永禄六年（一五六三）生、多久家初代、初龍造寺与兵衛、慶長十二年（一六〇七）末には多久長門守、寛永十三年（一六三六）隠居、寛永十八年（一六四一）卒（七十九歳）

・多久茂富…天正十三年（一五八五）生、安順甥、後養子となる、初龍造寺孫四郎、慶長十三年（一六〇八）多久図書、寛永五年（一六二八）二月勘当、万治二年（一六五九）卒（七十五歳）

・多久茂辰…慶長十三年（一六〇八）生、茂富男、美作、多久家二代、寛永十三年（一六三六）正月家督、

| | | | | |
|---|---|---|---|---|
| 215 | ［寛永12年］ | 8月7日 | 鍋島勝茂書状 | 美作 |
| 198 | ［寛永12年］ | 8月14日 | 鍋島勝茂書状 | 多久美作 |
| 295 | ［寛永12年］ | 10月30日 | 鍋島勝茂書状多 | 久美作 |
| 32 | ［寛永13年］ | 正月7日 | 鍋島勝茂書状 | 多久美作 |
| 40 | ［寛永13年］ | 2月2日 | 鍋島勝茂書状 | 多久美作 |
| 226 | ［寛永13年］ | 2月2日 | 鍋島勝茂書状 | 多久美作 |
| 307 | ［寛永13年］ | 2月6日 | 鍋島勝茂書状 | 美作 |
| 213 | ［寛永13年］ | 2月12日 | 鍋島勝茂書状 | 美作・対馬 |
| 225 | ［寛永13年］ | 4月16日 | 鍋島勝茂書状 | 美作 |
| 321 | 寛永14年 | 3月20日 | 鍋島勝茂覚書 | 多久美作 |
| 266 | ［寛永14年］ | 4月13日 | 鍋島勝茂覚書 | 多久美作 |
| 314 | | | 鍋島勝茂自筆書状 | 長州 |

*　年の［　］内は年次比定による。
**　城はどの城の普請であるかを示すが、「—」は個別の城郭ではなく公儀普請一般に関するもの。

正保三年（一六四六）更迭、明暦三年（一六五七）
隠居、寛文九年（一六六九）卒（六十二歳）

さて、勝茂から茂富に宛てられた書状に注目すると、これらの書状には日付がないことに気づく（二八三号は日のみ）。書状に日付がないことは、差出人である勝茂と受取人である茂富が、その日のうちにやりとりできる近所にいることを示している。これらの書状は、当主である勝茂本人が現地で茂富に与えた任務について具体的に指示したものである。普請現場の生の雰囲気を伝えるものとして、これら日付のない勝茂自筆書状に注目してみたい。

では、これらの書状はどの城の公儀普請の時のものであろうか。略歴に示した通り、多久茂富は慶長十三年に図書を名乗るようになり、寛永五年二月には安順の勘気を蒙って勘当される。一〇通の書状はすべて「図書（つ書）」宛となっていることから、これらは慶長十三年から寛永五年の間のものであることが分かる。すなわちこの期間に鍋島家が出役した慶長十二・十三年駿府城、慶長十五年名古屋城、慶長十九年江戸城、元和六年大坂城、寛永元年大坂城、そして可能性は低いが寛永五年大坂城普請のいずれかということになる。

また前述のように、三期に亙る大坂城普請では、助役を命じられた大名本人が現地に詰めることはなかった。鍋島家においても、元和六年は勝茂は現地に赴かずに多久安順と諫早茂綱を派遣しており(二六九号)、十一月に参勤(『佐賀県史料集成　古文書編』十四「有田家文書」二三号)、寛永元年は勝茂は正月に女市と上杉定勝の婚礼のために江戸に参府し、七月時点でも在江戸、九月・十月頃に賜暇(一七二号、佐賀県立図書館所蔵「坊所鍋島文書」未刊分58-3605号)、寛永五年も勝茂は在江戸(「勝茂公年譜」)であった。

勝茂が普請の現地で茂富の近所にいて指示を与えているという前提からすれば、勝茂が自ら現地に詰めていない大坂城普請も除外しなければならない。したがって可能性が残るのは、慶長十二・十三年駿府城、慶長十五年名古屋城、慶長十九年江戸城ということになる。

## 2　多久茂富宛鍋島勝茂自筆書状の分析(その一)

さて、ある程度対象が絞れたところで、これら一〇通の文書を、一点ずつ全文を掲げながら紹介・検討したい。先ず三一〇号と四三三号の二通である。

〔史料6〕「多久家文書」三一〇号〈No.二二四〇〉(図3)

(端裏捻封上書)
「(墨引)　図書　まいる　　信守」
　　　　　　　　ゟ

〔史料7〕「多久家文書」四三三号〈No.二三七一〉

先日石積之後、三州・濃州ゟ大石何ほと参着候や、今日中に相改、数、晩ニ可承候、かしく、

（端裏結封上書）
「　　　　　　　　　　　ゟ
（墨引）図書　まいる　　信守」

今朝申渡候石改之儀、急度相極、可承候、其方へ相懸候間、
油断あるましく候、かしく、

〔史料6〕三一〇号には「三州・濃州ゟ大石何ほと参着候や」とあることから、これが主に三河・美濃の採石場から供給された石を利用した慶長十五年の名古屋城普請に関するものであることが分かる（『大坂城再築と東六甲の石切丁場』）。先だって見積もりをした後に到着した石垣の石の数を、本日中に調査して晩に報告するように、との指示である。〔史料7〕四三三号も石数調査に関するもので、「今朝申渡候石改」とあることからすると、今朝の指示とは三一〇号の内容を指し、念押しのために四三三号の書状を出した、すなわち三一〇号と四三三号は同日のセットとなる書状とみることができそうである。

　次に二七二号・二六二号をみてみよう。

〔史料8〕「多久家文書」二七二号〈No.二二〇二〉
（端裏結封上書）
「（墨引）図書　まいる　　信守」

北の丁場明日ゟ仕、一両日中ニ出来候様ニ可被申付候、

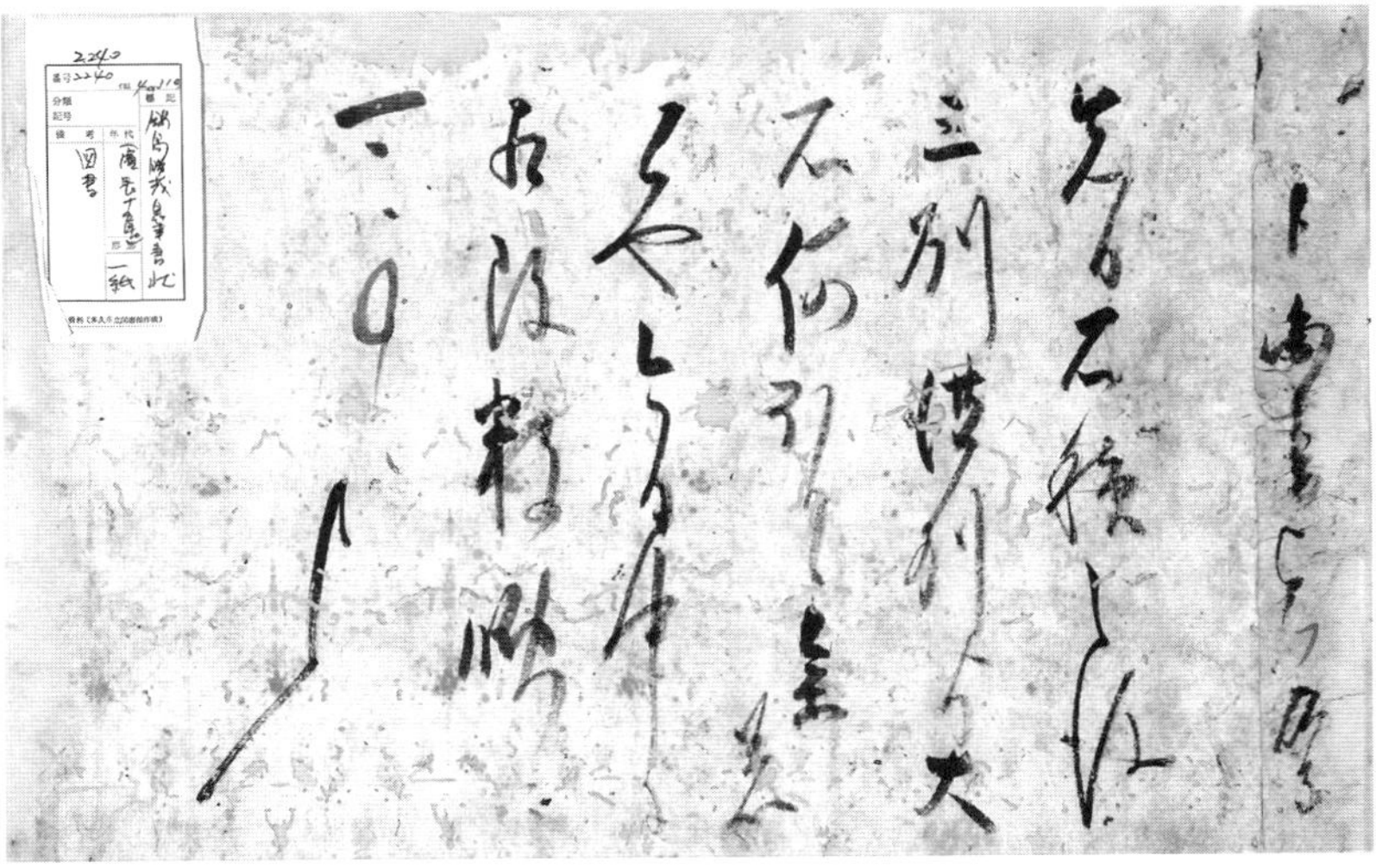

図3　「多久家文書」310号〈No.2240〉（多久市郷土資料館所蔵）

又ますかたの石あらため、其方可被存候、十五日ニ仕度候、

一松筑前(前田利光)殿ふけ丁場、此方ゟ築候所、今日出来可申之由候間、明日ゟ北ノ築かけ丁場一職ニ取懸り、一両日中ニ出来候様ニ、四与頭へ談合可被申候、

一ますかた十五日ゟ取懸リ候事、承度候、とかくますかたの石あらため、一職其方存候て、可被申付候、ゆたんあるましく候、

一先ニ中忠兵(中野茂利)にて如申候、つほ数ニあわセ、大石とらセ可被申候、さ候て、石場の人、一人成共、此方へよひ申度候事、

〔史料9〕「多久家文書」二六二号〈No.二一九二〉

(端裏結封上書)「　　　ゟ

(墨引)　図書　まいる　　信守」

尚以、北之丁場、早々出来ノ様ニ、談合可被申候、

北之丁場を、はや築候由申来候、今日ハ、我等儀罷出ましく候間、たゝ今、其方被罷出、ますかた根切入石、たんそく(短息)談合可被申候、ゆたんあるましく候、必十五日ゟ可被申付候、かしく、

〔史料8〕二七二号の一条目には「松筑前(前田利光、後の利常)殿ふけ丁場」という文言がみえる。「ふけ」とは名古屋城北西側の「深井(ふけ)丸」のことを指すものを思われる。したがってこれも名古屋城普請に関連する書状とみてよいだろう。

名古屋城普請の丁場割を描いた「名古屋御城石垣絵図」(本章扉、靖國神社遊就館所蔵)をもとに、前田家と鍋島家の丁場の場所を復元すると図4のようになる。これによると、前田家は深井丸では天守に相対する南面の石垣を担当した。

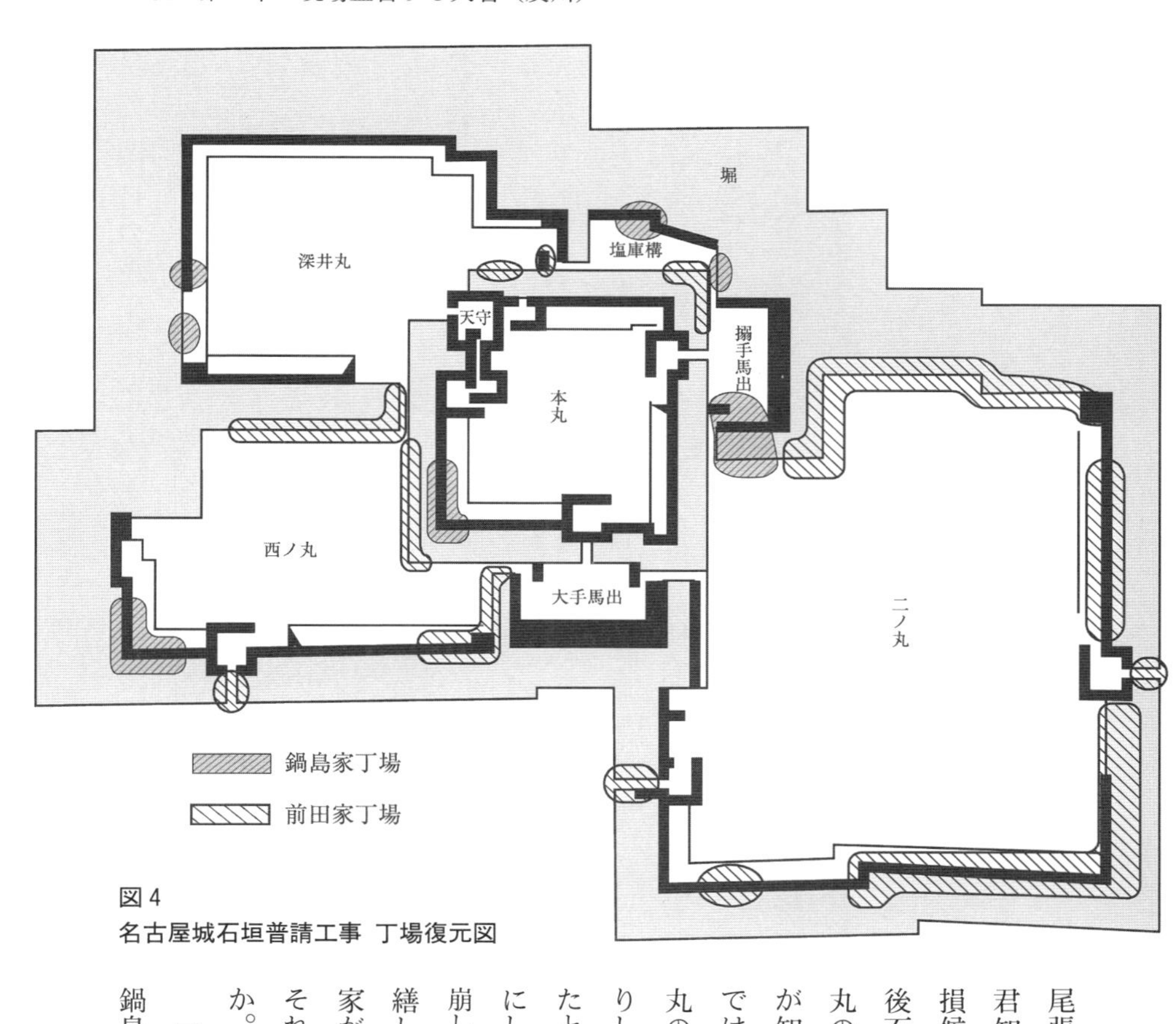


**図4**
**名古屋城石垣普請工事 丁場復元図**

尾張徳川家初代徳川義直の伝記「尾陽始君知」の慶長十五年の項には、「或曰、損候筑前守普請場ハ、今、丸之内天王〔主カ〕之後石垣損し申候由」とあって、この深井丸の前田家の丁場が破損したらしいことが知られている。これは単に破損したのではなく、その後に行われた本丸と深井丸の隣接部分の石垣改修を前田家に居残りして担当させるため損壊したことにしたという説もある〔高田二〇〇二〕。いずれにしても前田家の丁場で崩れた（あるいは崩した）ところを鍋島家の側で合力して修繕したか、もしくは他にも深井丸で前田家が担当することになった丁場があって、それを鍋島家で肩代わりしたのであろうか。

一条目は前田家の「ふけ丁場」のうち鍋島家で築いた箇所が今日にも出来上が

るので、明日よりは中途になっていた「北の丁場」にとりかかり、一両日中には完成させるように、との指示である。名古屋城普請で鍋島家が担当する丁場のうち最も北に位置するのは、本丸の北の塩庫構(しおくらかまえ)の丁場であり、「北の丁場」とはこれを指すのかもしれない。なお、「四与頭へ談合可被申」とあるように、鍋島家の普請衆は四組の番に編成されていたことが分かる。これは寛永元年・寛永五年の大坂城普請でも同様である(「勝茂公年譜」)。

二条目と追而書では、「北の丁場」が完成したならば、「十五日」には「ますかた(升形)」に取りかかれるように、茂富の責任で石の調達をしっかりとやるように指示している。升形とは、一般に城の虎口部分に防御機能を持たせるために石垣を方形に囲んで組んだ構造を指す。公儀普請で鍋島家が升形を担当した例としては、元和六年と寛永五年の大坂城普請、寛永十三年の江戸城普請が知られ、名古屋城普請での鍋島家の担当箇所にいわゆる升形は含まれていない。しかし「名古屋御城石垣絵図」では、大手・搦手馬出に外部から進入したときに最初に突き当たる方形の石垣や、西丸東北隅櫓の台の部分などにも「升形」との注記があり、通路を鈎型に組むためや櫓の台とするために作られた方形の構造物も升形と呼び、必ずしも虎口部分の方形の構造だけを升形と呼ぶのではないらしいことが分かる。鍋島家が担当した搦手馬出の南側の出口の石垣には「廿二間升形四方」と注記があり(図5、左上部分)、二七二号で「ますかた」と称しているのは、この方形の石垣を指すのではないだろうか。

図5 「名古屋御城石垣絵図」(部分)(靖國神社遊就館所蔵、撮影・東京大学史料編纂所)

〔史料9〕二六二号は、「北の丁場」と「ますかた」に関する記述から二七二号とセットで考えることができる。二六二号では、二七二号で一両日中に完成させるようにとされた「北の丁場」にすでに取りかかっていることが分かり、早々に完工するように改めて督促していること、「ますかた」は必ず「十五日」に取りかかれるように石の調達を念押ししていることから、二六二号は二七二号の同日か、数日以内に出されたものであろうことが推測される。

次に、升形工事に関連して、三一六号と三一二号のセットの可能性についてみてみよう。

〔史料10〕「多久家文書」三一六号〈№二二四六〉

「（端裏捻封上書）（墨引）図書　まいる　　信守」

ますかたも校量候て、日さし可然存候、ますかたの下之分者、日さしよりも早々出来申候間、ますかた之儀、何とそ廿日比出来候様ニ、今夜皆々めしよせ、談合あるへく候、各ハはや不残被上候に、我等一人残候儀、外聞家中之者まても不残仕合共候、かしく、

〔史料11〕「多久家文書」三一二号〈№二二四二〉

「（端裏捻封上書）（墨引）　図書　まいる　　　ゟ　信守」

我等もやかて可罷出候、ますかた万事其方へ相懸候、今朝ゟ客来候間、不罷出候、いよ〳〵いそかセつませ可然候、何事ニも相かまハす、有無ニ廿四日切ニ出来候様ニ、其方へ相懸候間、其心得尤候、能々二郎兵へ談合可然候、かしく、

〔史料10〕三一六号では、勝茂は茂富に対して、升形の下の部分が予定より早くできたので、なんとか「廿日比」に竣工するように相談せよと指示している。〔史料11〕三一二号では、客来により勝茂自身は普請場に出ないが、茂

富が督励して「有無ニ廿四日切ニ出来」するよう指示している。追而書から三一二号も升形について述べたものであることが分かる。懸案の升形は三一六号で期限とされた二十日には竣工せず、三一二号では二十四日に期限を延ばした上で、工事の竣工は茂富にかかっているので心するよう念を押したと考えてよいだろう。

さらに唯一「廿五日」とのみ日付の入っている〔史料12〕二八三号に注目すると、二十五日の時点で工事が完了して掃除などを残すのみとなっていたことが分かる。

〔史料12〕「多久家文書」二八三号〈No.二二一三〉

(端裏結封上書)「(墨引) 図書　まいる　信守」

雲州への石、今日中ニ相渡可被申候、〳〵、

これまて人を給、令満足候、其元上石さう地等、早々出来、可被罷帰候、我等罷居候内之様ニ、きひしく法度可被申付候、ゆうしや之儀共候ハヽ、後日可相知候、目出度やかて帰国待申候、かしく、

廿五日

茂富の竣工の報告に対して、勝茂は、自分がいるときと同様に家中の者には法度を厳しく守らせ、茂富自身も早々に帰国するように伝えている。いよいよ竣工の目途が立った時点で、勝茂は普請現場を離れ、一足早く帰国の途に就くことにしたのである。いまだ月は不明であるが、某月の二十日から二十五日までの一連の流れを示すものとして、二八三号も三一六号・三一二号とセットで理解して無理はないだろう。

なお、「雲州への石」については疑問が残る。萩毛利家では名古屋城普請の際に余った石は幕府普請奉行に引き渡したことが分かっているが(『福原家文書』上　什書一六―一八・一九)、「雲州」が人名とすると、幕府普請奉行の中には見当たらず、助役大名では飛驒高山城主の金森可重が該当する。しかし金森家に石を引き渡す理由が分からない。

一方で地名とすると、出雲松江城の竣工が慶長十六年で符合しそうであるが、松江城に使われた石材は、やはり主に近隣地域から調達されたことが分かっているので〔新宮二〇一六〕、特別な進上石なのか、こちらも要検討である。

## 3 多久茂富宛鍋島勝茂自筆書状の分析（その二）

以上のように、三一〇号・四三二号のセット、一七二号・二六二号のセット、三一六号・三一二号・二八三号のセットは、すべて慶長十五年の名古屋城普請の際の書状であると考えて矛盾はないだろう。そこで改めて慶長十五年の名古屋城普請の経過を概観すると次のようになる。

慶長十四年正月、家康は先に尾張清洲に封じた九男義直の居城として、新たに名古屋に城郭を築く内意を示した。城地の調査を行わせるとともに、自身も正月二十五日には義直を伴って清洲に入り、二月二日には普請奉行を任命した。ややあって十一月十六日には普請奉行牧助右衛門による検地と城郭の縄張りが行われ、十二月に助役大名の選定が行われた。明くる慶長十五年正月には家康により正式に縄張りが決定され、閏二月八日に助役大名が駿府を出立し名古屋に赴いた。六月三日に根石置、すなわち本格的に工事が開始され、九月には本丸・二丸・西丸・深井丸の普請が終了し、助役大名は順次帰国していった〔『日本名城集成　名古屋城』一九八五〕。それ以降も本丸と深井丸の隣接部分の石垣の改修や天守・殿舎の作事が続き、義直が本丸御殿に移徙するのは慶長二十年を俟たなければならないが、大規模に諸大名を動員した普請は慶長十五年九月の時点でほぼ終了したとみてよい。

この名古屋城の普請日程と合わせみると、数少ない日付に関する情報がある〔史料13〕四四〇号も、一連の日程の中に位置づけることができるだろう。

〔史料13〕「多久家文書」四四〇号〈№二三七八〉

其方へ申付候てゟ、四尺ゟ上ノ石、去廿日まてニいかほと参候や、承度候、相極可承候、根切も可為近日之由候

間、大石手廻、由断あるましく候、

（異筆）
「四月廿四日ニ被下候、」

（奥結封上書）
「

ゟ

（墨引）　図書殿　まいる　　信守」

この書状には奥に異筆で「四月廿四日ニ被下候」とあり、本文中にも「去廿日まてニ…」とあるので、四月二十四日が勝茂から茂富にこの書状が出された日であり、茂富の側で異筆箇所を注記したとみて間違いない。この書状で、勝茂は茂富に対して四尺以上の大石がどの程度確保できているか報告を求め、「根切」も近日中であろうから大石の手配に油断がないよう注意している。「根切」とは建物の基礎のために地盤面を掘り取ることを指すが、これは石垣の根石を置く準備のための作業である。

名古屋城普請では六月三日に根石置が行われるので、各大名はそれに合わせて石を準備しなければならなかった。実際、福岡黒田家が担当した箇所には「三月十九日」や「卯月に」といった砕石の日付が刻印された石もあるということであり〔高田二〇〇一〕、ちょうど三月・四月頃は各大名による石寄せ（石の手配）の最盛期だったと考えられる。四月二十四日の時点で、勝茂が根切に備えて石寄せに関心を寄せることとも合致するので、この四四〇号も名古屋城普請の際のものである蓋然性は高い。そうすると、先に見た三一〇号・四三三号のセットは、四四〇号よりもう少し切迫した雰囲気からして、四四〇号の四月二十四日と工事開始の六月三日の間に位置づけることができるだろう。

次に名古屋城普請の石垣工事がほぼ終了した九月に注目してみよう。萩毛利家に対しては、毛利家の丁場の検収が掃除まで含めて終わった旨を知らせる幕府普請奉行の書状が、九月二十三日付で当主である毛利秀就宛に出されてい

る。この書状は、毛利家の普請を統括した家老の福原広俊に託され、一足早く江戸に戻った秀就へと届けられた(『福原家文書』上　什書一六―一八)。その福原広俊に対しては、幕府普請奉行から九月四日の時点で、毛利家の丁場は竣工したので、掃除などに必要な人員を残して広俊本人も帰ってよいとの指示が出されているので(『福原家文書』上　什書一六―二〇)、秀就はさらにその前に現地を離れたものと思われる。また紀伊和歌山城主の浅野幸長は、在江戸の父長政が九月二十六日付で国許に送った書状から、九月十七日に国許に帰着したことが分かる(「宗国史」録第三　賜書録四)ので、九月十日頃には現地を離れたであろう。その他の大名やその家中の普請衆もこの頃には続々と自家の工事を終えて帰国していったものと思われる。

鍋島家に話を戻すと、先に見た二八三号では、某月二十五日の時点で、鍋島家の丁場の工事も掃除などの後片づけを残すのみとなり、勝茂自身帰国の途に就こうとしていた。九月十九日付(年未詳)で勝茂が国許の重臣鍋島生三に宛てた書状には、「爰元御普請、大かた相澄候間、来ル廿七八間ゟ罷立、伏見へ五日逗留申、可罷下候」(『佐賀県史料集成　古文書編』十一「坊所鍋島文書」二八六号)とある。「爰元」での公儀普請が大方終了し、二十七日か二十八日には出立し、途中伏見に五日間寄って帰国するというのであるから、三一六号・三一二号・二八三号のセットの流れとよく符合する。「爰元」とは名古屋を指し、この生三宛書状は慶長十五年のものであると考えてよいだろう。したがって二八三号の「廿五日」とは九月二十五日であり、鍋島家は九月の升形工事を最後に名古屋城での普請を終了したということになる。さらに、「十五日」に升形の普請に取り掛かるとした二七二号と二六二号も九月のものである可能性が高い。

ところで、勝茂の帰国を毛利秀就や浅野幸長と比べると、数週間からひと月近く遅れていることが分かる。三一六号には、「各ハはや不残被上候に、我等一人残候儀、外聞家中之者までも不残仕合共候」とある。他の大名はみな帰って行ったが、自分だけは残って工事をしているので家中の者も含めて非常に外聞が良い、というのである。一般に各大名が互いに工事の進捗を競い合うことからすると、居残りは外聞が悪いようにも思われるが、あるいは終盤に差しかかって幕府から特別に依頼を受けたのだろうか、最後の大仕事として残された升形の普請が鍋島家の面目を施すものと考えられたのであろう。

これまでのところで、二三一号と四三四号を除く八通は慶長十五年の名古屋城普請の際のものであると位置づけることができた。二三一号と四三四号には手掛かりが少ないが、一応これらについてもみておこう。

〔史料14〕「多久家文書」二三一号〈№二二六一〉

(端裏捻封上書)「　　　　ゟ

(墨引)　図書　まいる　　信守」

明日ハさためて方々ゟ使者可参と存候、面談申候儀むつかしく候間、明朝ゟ其方小やへ可参候、今時分禁物中候間、其心得候て、振舞いかにもかろ〳〵としかるへく候、かしく、

〔史料15〕「多久家文書」四三四号〈№二三七二〉

石垣殊外急敷候間、弥早々出来候様ニ、いそき可然候、石垣之分、いつ比出来可申と、大積可承候、かしく、

(奥捻封上書)「　　　ゟ

(墨引)　つ書　まいる　　信守」

〔史料14〕二三一号では直接普請を示す文言は見られないが、「方々」より使者がやってくるだろうという状況と、勝茂が茂富の小屋を訪問するということから、「方々」とは幕閣なり他家衆を、小屋は普請小屋を表し、これが公儀普請の現地で出されたものである可能性は高い。〔史料15〕四三四号は「石垣殊外急敷候間」とあるので、公儀普請

かどうかはともかく、現に石垣工事が進行している普請現場で出されたものであることは間違いない。この二通は名古屋城普請に関連するという決め手には欠けるが、他の八通と一連のものである可能性は高いと考える。

最後に、これら一〇通の鍋島勝茂自筆書状を、二三一号と四三四号も含めて慶長十五年の名古屋城普請の関連史料であると考えて、発給の順序を試案として示しておきたい。先ずは石寄せの段階である四四〇号→三一〇号→四三三号、次に石垣工事の進行を示す四三四号、次に終盤の升形工事と普請の完了に関わる二七二号→二六二号→三一六号→三一二号→二八三号となる。二三一号については、勝茂から茂富に対する具体的な指示が書かれていないことから、普請現地に参着して間もない時期かとも推測できるが決め手はない。

## おわりに

本稿では公儀普請の現場で自ら陣頭指揮をとる大名の姿に注目して、「多久家文書」に残された公儀普請関連の一群の多久茂富宛鍋島勝茂自筆書状の紹介・分析を試みた。その結果、これら一〇通の書状のうち、八通は慶長十五年（一六一〇）の名古屋城普請に関連する一連のものであり、残りの二通もその可能性が高いとの結論を得た。これらの書状からは、勝茂本人が茂富に対して与えた具体的な指示やその切迫した様子から、大名が普請の現地において現場監督をする雰囲気が生き生きと伝わってくる。勝茂より五歳下の若い茂富（当時二十五歳）に対して助言を与えながら経験を積ませ、その成果か、寛永元年（一六二四）の大坂城普請では茂富が鍋島家の普請奉行を務めている（「勝茂公年譜」「吉茂公年譜」）。

公儀普請役は平時の軍役として、特に豊臣氏滅亡の前段階では、大名本人が出勤しなければならない役であった。

助役を賦課された大名家にとってこれを満足に勤め上げることは大きな負担となったが、同時に幕府への忠節をアピールする貴重な機会でもあり、幕府との良好な関係を築く上で必須の要件であった。そのため各地の大名家文書には、当時の重要案件に関わるものとして、大名当主や家老・重臣が発給した公儀普請に関係する文書が数多く残されている。しかし今回分析した多久茂富宛鍋島勝茂自筆書状群のように、公儀普請の現地での大名本人と家臣とのやり取りを伝えてくれるものはそれほど多くはない。そういった意味で「多久家文書」は全国的に見ても非常に貴重な文書群であるということができるだろう。

【参考文献】


穴井綾香「慶長十四年丹波篠山城普請の意義」『日本歴史』第六七二号、二〇〇四年

岡本良一編『大坂城の諸研究』名著出版、一九八二年

木越隆三「徳川期大坂城石垣普請の造営組織と大名の役割」『城郭石垣の技術と組織』金沢城史料叢書16、二〇一二年

北原糸子『江戸城外堀物語』ちくま新書、一九九九年

城島正祥『佐賀藩の制度と財政』文研出版、一九八〇年

白峰　旬「九州諸藩における穴太・石垣普請関係史料リストに関する所見」『金沢城石垣構築技術史料Ⅰ』金沢城史料叢書7、二〇〇八年

新宮敦弘「松江城の石垣の石材とその起源」『島根大学地球資源環境学研究報告』34、二〇一六年

高田祐吉『名古屋城―石垣刻印が明かす築城秘話―』文化財叢書第九五号、二〇〇一年

内藤昌編『日本名城集成　名古屋城』小学館、一九八五年

野中和夫『江戸城　築城と造営の全貌』同成社、二〇一五年
松尾美恵子「近世初期大名普請役の動員形態」『徳川林政史研究所研究紀要』昭和60年度、一九八六年
森下　徹『武士という身分』吉川弘文館、二〇一二年
同　　「幕府普請役への萩藩の対応をめぐって」『やまぐち学の構築』9、二〇一三年
『江戸城外堀跡　牛込御門外橋詰』地下鉄7号線溜池・駒込間遺跡発掘調査報告書2　一九九四年
『大坂城再築関係史料』大阪市史史料第七十一輯、二〇〇八年
『大坂城再築と東六甲の石切丁場』ヒストリア別冊、二〇〇九年
『静岡市史　近世』一九七九年

# 第二章　多久家文書にみる大坂冬の陣後の城割普請

大平　直子

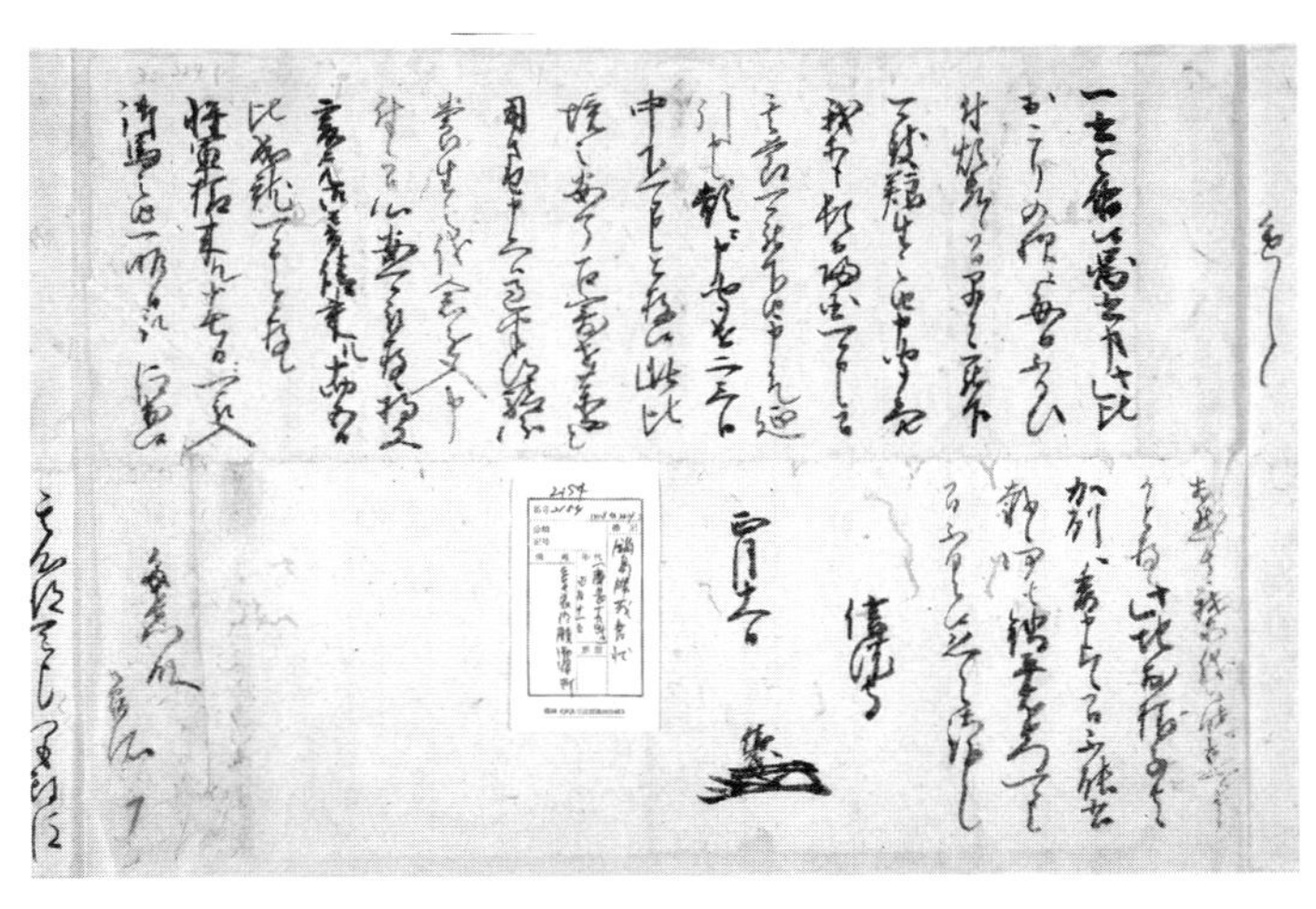

「多久家文書」224号〈No.2154〉(多久市郷土資料館所蔵)

## はじめに

多久家文書には、公儀普請関連の「鍋島勝茂書状」が多数含まれている（及川氏報告参照）。

ここで取り上げる多久家文書二三四号〈No.二一五四〉正月十一日付 多久安順宛 鍋島勝茂書状については、「江戸城普請ヵ」という頭注と、「（慶長十九年ヵ）」という年次比定が附されており、これまで、一般的な公儀普請関連史料とみなされていた。

## 第一節 「爰元御普請」と将軍の御馬入り

〈史料1〉「多久家文書」二三四号〈No.二一五四〉

一書令啓候、図書（多久茂富）事、此比おこりの様ニ毎日ふるひ付、煩敷候間、早々罷下可致養生之由、申聞候へ共、我等も頓而帰国可申候間、其節可罷下由申候て延引申候、頻ニ申聞せ、二三日中下可申候と存候、此比境（堺）之安了召寄せ、薬なと用させ申候へハ、過半得験分候、養生之儀、念を入申付候間、心安可被存候、将又爰元御普請、来ル十四五日比成就可申と存候、将軍様（徳川秀忠）、来ル十七日ニ可被入御馬之由、一昨日被　仰出候、於然者、我等儀、御暇出可申かと存候、此地於様子者、加州（鍋島直茂）へ委申上候間、不能書載候、何も鍋（鍋島）平右衛門尉可申候間不具候、恐々謹言、

正月十一日

信濃守

勝茂（花押）

多長門殿（多久安順）
　御宿所

この書状から、次の三点を読み取ることができる。
①鍋島勝茂と多久安順の養子である多久茂富は、共に普請場にいるが、茂富は患っていること。
②「爰元御普請」は、正月十四、五日頃には終わる見込みであること。
③将軍徳川秀忠は、正月十七日に御馬入りをする、という情報があること。
この外、秀忠の将軍在職期間が、慶長十年（一六〇五）から元和九年（一六二三）までの間で、かつ茂富と安順がそれぞれ図書・長門を名乗るのが、「水江事略」によると慶長十三年以降であること、勝茂の父直茂（元和四年六月三日没）が存命中であることなどから、多久家文書二二四号の年次は、慶長十三年から元和四年までの間に絞られる。

〔史料2〕「多久家文書」二五三号〈No.二一八三〉

一書申遣候、仍図書事、相煩申ニ付而、此中早々可罷下由申候へ共、我等も頓而下国可申候条、其刻と申候て致延引候、煩も少よく候間、頻ニ申候て、今日差下申候、其元にて無油断養生申候様ニ肝用候、爰元御普請四所請取、大かた成就申候処ニ、又一所被相渡、今朝より取かゝり申候、四五日中ニ出来可申と存候、然者　将軍様、来ル十七日ニ必可為御上洛由候、爰元にて各御暇出可申由申候間、我等も頓而可罷下候、於様子者、図書可申候条、不能重筆候、恐々謹言、

　　　　　　信濃守
正月十五日
　　　　　　　　勝茂（花押）

多長門殿
御宿所

〔史料1〕と同じく、多久安順宛 鍋島勝茂書状であるが、日付は四日後の正月十五日付で、次の三点を読み取ることができる。

①勝茂と茂富は共に普請場にいるが、茂富は患っていること。

②「爰元御普請四所請取」の分はほぼ終わったが、「又一所」が追加となったので、あと四、五日かかる見込みであること。

③将軍徳川秀忠は正月十七日に必ず「御上洛」なさる、という情報があること。

これにより、正月十四、五日頃に終わる見込みであった「爰元御普請」が「四所請取」で、「又一所」が追加となったことや、将軍秀忠の御馬入りが、実は「御上洛」を指しており、間もなく秀忠が二条城入りする予定であることなどがわかる。

なお、〔史料2〕と同日付 鍋島生三(道虎)宛 勝茂書状(「坊所鍋島家文書」三七〇号〈『佐賀県史料集成』第十一巻、二七〇頁〉)にも、ほぼ同じ内容のことが書かれている。

## 第二節　将軍徳川秀忠の上洛と大坂城の城割普請

〔史料1〕〔史料2〕で将軍徳川秀忠の上洛が明らかになったことにより、慶長十三年(一六〇八)から元和四年(一六一八)までの正月で、かつ秀忠が江戸にいなかった年は、慶長二十年(元和元年〈一六一五〉)のみに絞られる。これは、大坂冬の陣の戦後処理の真っ最中にあたる。

慶長二十年の徳川家康・秀忠父子の動向をまとめると表のようになるが、慶長二十年正月十七日に将軍秀忠が上洛したという記事は確認できない。このことから、同年正月十七日に秀忠が上洛する、という情報はあったものの、実は延期になったのではないか、という仮説が成り立つ。

**表　大坂冬の陣前後の徳川秀忠と徳川家康の動向**（大日本史料総合データベースより作成）

| 和暦（西暦） | 日付 | 徳川秀忠の動向 | 徳川家康の動向 |
| --- | --- | --- | --- |
| 慶長19年（1614） | 10月11日 | | ○駿府出立。 |
| | 10月23日 | ○江戸出立。 | ○二条城に入る。 |
| | 11月10日 | ○伏見城に入る。 | |
| | 11月17日 | ○平野（大坂）に陣を敷く。 | ○住吉（大坂）に陣を敷く。 |
| | 12月4日 | ○岡山（大坂）に陣を移す。 | |
| | 12月6日 | | ○天王寺の茶臼山に陣を移す。 |
| | 12月18・19日 | （徳川方と豊臣方による和平交渉が行われ、大坂城は本丸のみを残し、二ノ丸・三ノ丸・惣構を破却・壊平することが決まる。） | |
| | 12月25日 | ○岡山（大坂）に残り、大坂城の壊平を監督する。 | ○二条城に入る。 |
| 慶長20年＝元和元年（1615） | 正月3日 | | ○京都出立（駿府へ帰る）。 |
| | 正月19日 | ○大坂城の壊平がほぼ終わり、伏見城に入る。 | |
| | 正月24日 | ○二条城に入る。 | |
| | 正月28日 | ○京都出立（江戸へ帰る）。 | |

〔史料3〕「伊達政宗記録事蹟考記」〈『大日本史料』第十二編之十七、元和元年正月二十四日条〉

同十五日、御普請場江御出之考　御案文留

追啓只今御普請場ニ居申候間、早々申候、

一書申入候、明後日之御入馬相延候様ニ承候、左様ニ者無御座候哉、若相延候者、右御約速(ママ)之衆申入度候、於其元、能御聞届、右之分ハ、各江被仰遣可有御同道候、為其申入候、恐惶謹言、

正月十五日

紹高老(細川全龍)

正月十六日、御普請小屋ニ而、御普請奉行衆御饗応之考　御案文留

以上

一書申入候、公方様還御、弥明日ニ相極候哉、又延候哉承度候、今日御暇乞ニ罷出可然様ニ、昨日佐州殿より被仰候、今朝御普請奉行衆、普請小屋ニて振廻仕候、晩ほと其許可罷出候、御尋も候ハヽ、佐州殿江此由御心得可預候、恐々謹言、

正月十六日

松宮二郎兵衛殿

これは、伊達政宗書状の「御案文留」であるが、正月十五日付 御案文留には「明後日之御入馬相延候様ニ承候」、正月十六日付御案文留には「公方様還御、弥明日ニ相極候哉、又延候哉承度候」とあり、正月十七日に将軍徳川秀忠の御馬入りが予定されていたが、延期の可能性もあったことが確認できる。

以上のことから、慶長二十年に将軍秀忠の「正月十七日上洛説」が存在したことが明らかになり、〔史料1〕〔史料

2〕の年次は慶長二十年に比定される。

なお、これまでのところ、多久家文書をはじめとする佐賀藩家臣家文書には、この時の将軍秀忠の御馬入り（上洛）延期に関する史料は確認できていない。よって、いつ鍋島家が延期の情報を摑んだのかは不明だが、大坂城の破却・壊平の普請場における鍋島家と伊達家の間に、将軍秀忠の動向について情報格差があったことは確かであろう。

〔史料4〕「坊所鍋島家文書」三六九号〈『佐賀県史料集成』第十一巻、二六九～二七〇頁〉

一書令啓候

一大坂之儀、弥聢御無事相澄候、委細加州（鍋島直茂）へ申上候間、可被承届候、

一加州御二所様へ、歳暮之御小袖代銀子五□（枚）宛進上申候由、今度書状ニ書載申候条、其方手前より則差上候て可給候、

一御所様来ル廿四日、被成　御上洛、　将軍様ハ伏見　御城へ被成　御越之由候、我等事、御暇被下次第可罷下候条、正月之廿日比ハ下着可申候、手前人数、上州へ得御意、追付段々可差下候、馬已下ハ早明□（日）差下可申候、大坂之城そとか□（わ）崩候儀、手前ニも被　仰付さ□（う）ニ有之儀候条、其用意申事候、四五日之手間者入可申哉と存事候、何も□（重）而可申遣候、謹言、

（慶長十九年）十二月廿一日　　　　信濃守

勝茂（花押）

生三まいる

この十二月二十一日付 鍋島生三宛 鍋島勝茂書状では、最初の一つ書で「大坂之儀、弥聢御無事相澄候」と大坂冬の陣の終結を知らせている。

また、三つ目の一つ書では「我等事、御暇被下次第可罷下候条、正月之廿日比ハ下着可申候」、「大坂之城そとか□（わ）崩候儀、手前ニも被　仰付さ□（う）ニ有之儀候条、其用意申事候、四五日之手間者入可申哉と存事候」とあり、大坂城の惣構崩し（堀埋め普請）が勝茂に命じられそうになっており、その準備をしていることや、惣構崩しには四、五日の手間はかかりそうだが、正月二十日頃には佐賀に帰国できる、と見込んでいたことがわかる。

『勝茂公譜考補』（『佐賀県近世史料』第一編第二巻、三二六～三二七頁）には〔史料4〕の引用があり、勝茂の動向について、「勝茂公ハ翌ル正月御下リ有ル」と記されている。

しかし、〔史料1〕〔史料2〕からわかるように、正月半ばになっても「爰元御普請」は続いており、「四所請取」の上に「又一所」が追加され、さらに四、五日かかるなど、少なくとも正月二十日頃までは、勝茂は大坂に滞在していたことが窺える。

なお、大坂城の城割普請については、（慶長十九年）十二月二十六日付 横山掃部・矢野利斎・藤崎言斎宛 細川忠利書状に次のようにある。

〔史料5〕「綿考輯録」〈『出水叢書　綿考輯録　第四巻　忠利公（上）』三三～三四頁〉

中務殿より御使を被下候間申候、

一大坂之儀御扱相済無事ニ成候、就夫　忠興様道迄御上被成候共、御帰国候様ニとの儀ニ付留ニ進上申候間、定而御上洛有間敷と思事ニ候事、

一大坂御城も、二ノ丸・三ノ丸・惣構をハ御わり被成本丸迄ニ被成、秀頼様御座候様ニとの儀候、惣構ハ此方より御人数ニ而御こわし被成候、二ノ丸・三ノ丸ハ城中人数ニ而わり申候、堀なとやかてうめ可申候間、其上ニてハ将軍様も還御可被成と思事ニ候、其刻御暇を被下候ハんと思事ニ候事、

右の細川忠利書状によると、当初、大坂城の壊平は、「二ノ丸・三ノ丸・惣構」を破却して本丸だけになるよう、惣構は「此方(＝徳川方)」から、二ノ丸・三ノ丸は「城中(＝豊臣方)」から人員を出して壊し、堀を埋める段取りになっていたようである。

しかし、以心崇伝の日記である「本光国師日記」の書状案には、徳川方による大坂城の壊平が、惣構に留まらなかったことが記されている。

〔史料6〕「本光国師日記」〈『大日本史料』第十二編之十七、元和元年正月十九日条〉

正月十日付羽越州宛金地院書状案「一大坂惣構・二之丸堀埋之普請、各御先手衆ニ被仰付候、事外手間入申由候」

正月廿日付羽越州宛金地院書状案「一大坂之儀、早速ニ相済申ニ付而、御年寄衆御触状ニ被任、御帰国之旨尤存候、(中略)一大坂之城堀埋り本丸計ニて浅間成見苦敷躰にて御座候と、沙汰ニ而御座候」

〔史料6〕から、大坂城の「惣構・二之丸堀埋之普請」には「事外手間」がかかり、正月二十日頃に漸く「本丸計」を残して終わったことがわかり、〔史料1〕〔史料2〕で勝茂が正月二十日頃まで「爰元御普請」に従事していたこととも整合性が取れる。

## おわりに

これまで、大坂冬の陣後の鍋島勝茂の動向については、大坂城の惣構崩しを終えた勝茂が、年末には帰国の途に就き、翌正月二十日頃に佐賀に到着した、と考えられてきた。

しかし今回、〔史料1〕〔史料2〕中の「爰元御普請」が、大坂冬の陣の終結直後に行われた大坂城の城割普請であることが明らかになった。つまり、鍋島勝茂は、大坂城の惣構崩しを担っていただけでなく、翌正月二十日頃までは引き続き大坂に滞在し、二ノ丸・三ノ丸も含めた城割普請を行っていたのである。

〔付記〕本稿は、二〇一七年十一月二十六日に行ったシンポジウムでの報告「城割だって公儀普請?!—多久家文書にみる大坂冬の陣後の城割普請—」の内容を一部改変したものである。

本稿をまとめるにあたり、本多美穂氏に貴重な御助言を賜りました。ここに感謝の意を表します。

# 第三章　佐賀藩の長崎警備―正保二年の鍋島勝茂書状を中心に―

清水　雅代

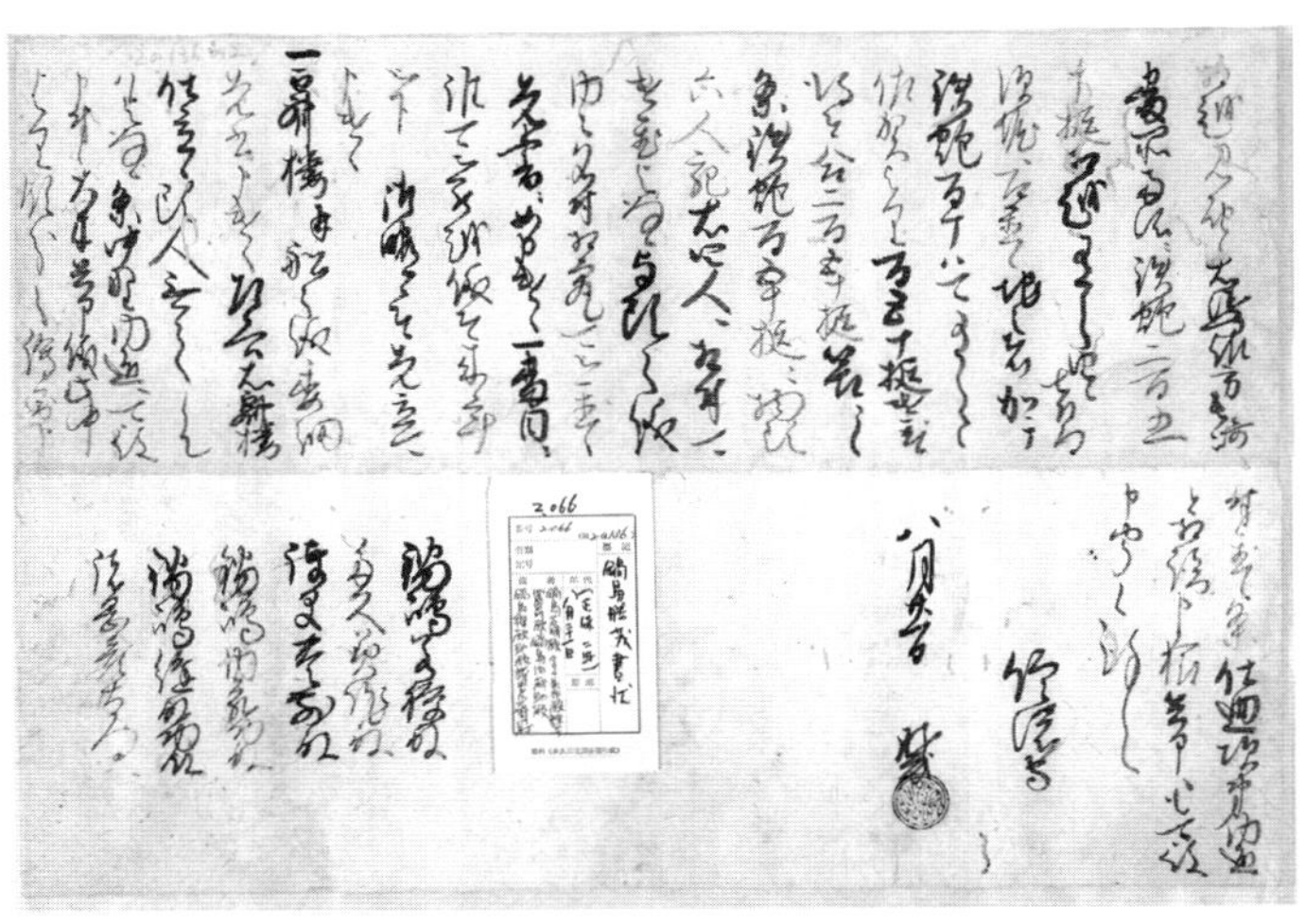

「多久家文書」136号〈No.2066〉（多久市郷土資料館所蔵）

## はじめに

江戸幕府は島原・天草一揆の後、寛永十六年(一六三九)七月ポルトガル船の来航を禁止した。翌十七年五月、通商再開を求めてポルトガル船が長崎に来航すると、幕府は、ポルトガル人六一人を斬首、乗船を焼き沈めるという強硬な措置を行った。ポルトガルによる武力報復が予想されたため、幕府は九州諸藩に対して、遠見番所や番船の設置などを指示し、長崎警備を強化していく〔藤井一九九一〕。

寛永十八年二月、幕府は、福岡藩主黒田忠之に異国船来航に備えて長崎湾口の警備を命じた。次いで翌十九年三月、佐賀藩主鍋島勝茂に同じく長崎湾口の警備を命じ、寛永二十年以降は福岡藩と佐賀藩の交代勤番となった。これが長崎番役のはじまりである。寛永二十年から正保二年(一六四五)にかけて、西泊・戸町の沖両番所が成立した。両藩はここに警備のための人員を置き武器を蔵置した。両藩は四月頃交代し、オランダ船が帰国する九月頃まで警備にあたった(『新長崎市史』第二巻近世編)。

正保四年六月、日本との通商再開を求めてポルトガル使節船が長崎に来航した。西南諸藩を中心に軍事的動員が行われ、出兵数は約五万五〇〇〇人であった。佐賀藩からの兵員は一万一三〇〇人、出船した船は一二五艘とする記録がある(『御番方大概』鍋島家文庫二五二/五九)。幕府はポルトガルと通商再開する意思がないことを伝え、八月にポルトガル船は帰帆し、有事に発展することはなかった(『長崎オランダ商館の日記』第二輯)。

近世前期における佐賀藩の長崎警備について、寛永十九年の長崎番役のはじまりから、正保四年のポルトガル船来航に至るまでの間、どのように警備体制の構築がはかられたのだろうか。本稿では佐賀藩初代藩主鍋島勝茂と、多久

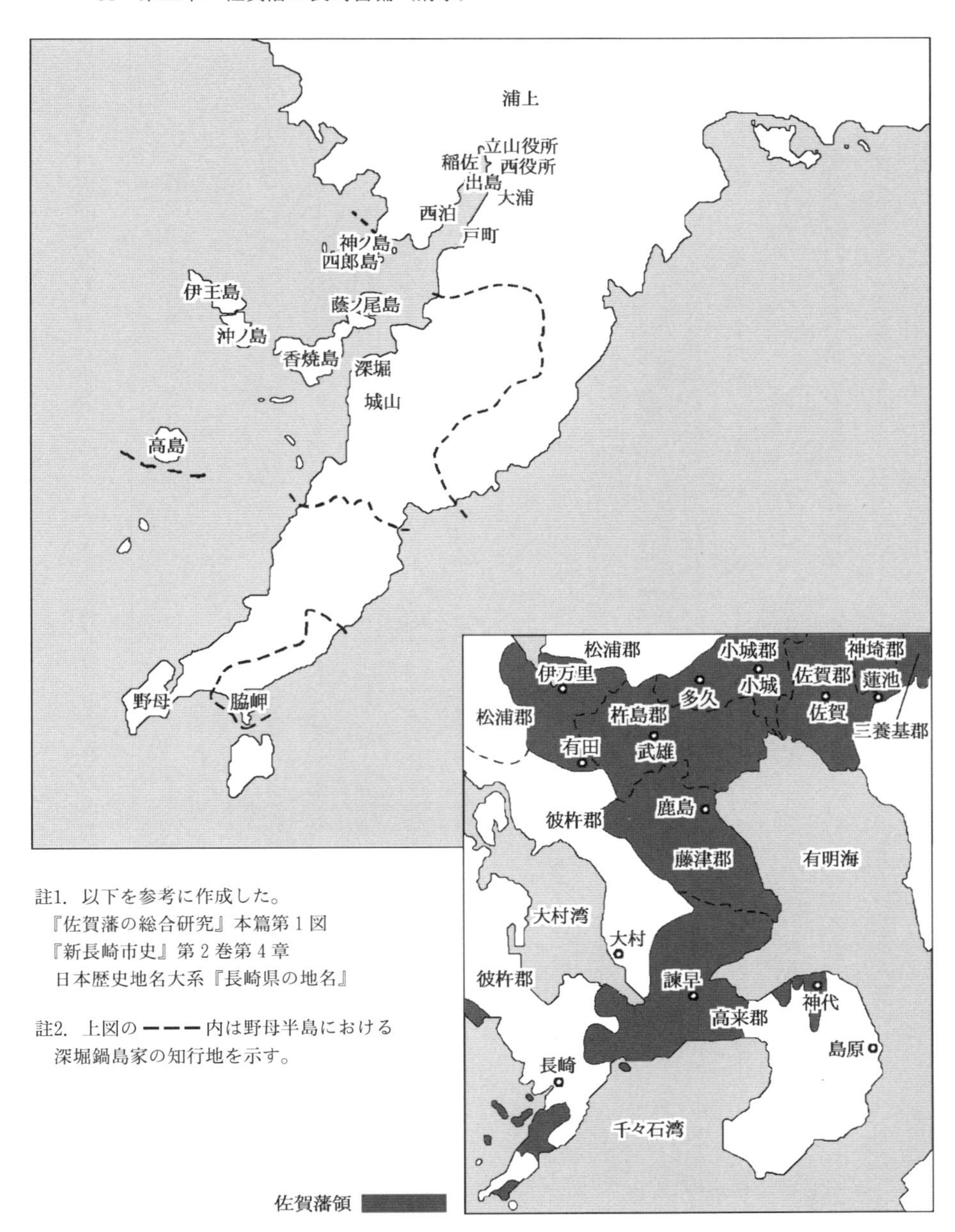


註1. 以下を参考に作成した。
『佐賀藩の総合研究』本篇第1図
『新長崎市史』第2巻第4章
日本歴史地名大系『長崎県の地名』

註2. 上図の ━ ━ ━ 内は野母半島における深堀鍋島家の知行地を示す。

長崎湾および野母（長崎）半島図

茂辰ら重臣との間で交わされた書簡のうち、とくに正保二年と年次比定されたものを中心にその解明を試みる。

## 第一節　正保二年の鍋島勝茂書状

「多久家文書」一三六号〈No.二〇六六〉は、鍋島勝茂より武雄茂綱・多久茂辰・諫早茂敬・須古正辰・姉川茂泰・諸岡彦右衛門に宛てた八月二十一日付の書状である。武雄家・多久家・諫早家・須古家は、ともに戦国期に肥前を平定していた龍造寺家の一門である。鍋島家体制による佐賀藩草創期に、藩政運営の中枢を担った。姉川家は鍋島家の一門、諸岡は多久茂辰のもとで財政事務に深くかかわった。一三六号は、『佐賀県史料集成』に収録される際に正保二年(一六四五)と年次比定されたものであり、書状の内容には長崎警備に関することが多く記されている。つぎに掲げてみよう。

〔史料1〕「多久家文書」一三六号〈No.二〇六六〉

猶以、作事成就之為御祝儀、近日御老中申請儀候、就其、取紛、此段早々不申遣候、已上、

先月廿九日、美作(多久・茂辰)・内蔵助(須古・正辰)・縫殿助(姉川・茂泰)・彦右衛門(諸岡・茂之)尉より監物(太田・茂道)・数馬(中野政利)への書状、何も令披見候、

一去月廿七日之夜、其元大風吹候付而之書立相越、一々見届候、城廻其外町人百姓家なと、あら／＼損候由申越、笑止成儀候、諸郷田畑も損候ハん由、然と之義者不相知候条、重而可申越由、得其意候、隣国も大風吹候付而、領主／＼より御老中へ被申上候付而、我等よりも御老中へ申上候、北国奥州も大風吹候由ニ候、

一来年長崎御番被　仰付候者、鍋嶋七左衛門(深堀・茂里)尉儀者、此地より、一左右次第、深堀へ即可被差越候、其上ニ若狭(武雄・茂綱)・美作・豊前(諫早・茂敬)・内蔵助、此四人ニ而、一月替りか、二月替りかニ、一人宛、替々深堀へ可被相詰候、先日名付遣候、

鉄炮数幷与頭相付候儀、当年右衛門佐方（筑前福岡・黒田忠之）鉄炮幷物頭之員数、然と不相知ニ付而、能承合セ、被申越候者、随其、議定可申由、先日申遣候、然者、志田慶春・平田助左衛門尉より、右衛門佐方（黒田）鉄炮数幷人数書立、先月廿九日之飛脚ニ而相越、見届候、右衛門佐方、長崎番所両所ニ、鉄炮二百五十挺相越有之由候、七左衛門尉深堀へ召置候地之者加テ、鉄炮百丁ハ可有之候、佐賀より百五十挺遣置候得者、合二百五十挺筈ニ候条、鉄炮百五十挺ニ、物頭六人宛、右四人へ相付、可遣置と存候、与頭之儀、内々名付相究可被置候、先書ニ如申遣候、一番目ニ誰可被罷越儀者、来年被下　御暇候者、先立可申遣候、

一靏楼幷船之儀、委細先書申遣候、左候へハ、右靏楼仕立候頭人無之候てハと存候条、中野内匠（茂利）へ可被申付候、大木兵部（統清）儀、此中より領分之絵図申付置候条、仕廻次第、内匠と相談申候様、兵部へも可被申聞候、謹言、

（正保二年）八月廿一日　　（鍋島）信濃守

勝茂（黒印）

鍋嶋若狭殿（茂綱）
多久美作殿（茂辰）
諫早豊前殿（茂敬）
鍋嶋内蔵助殿（正辰）
鍋嶋縫殿助殿（茂泰）
諸岡彦右衛門尉（茂之）

〔史料1〕がなぜ正保二年と年次比定されたかを考察すると、つぎのようである。

一条目「去月廿七日之夜、其元大風吹候」について、この大風は『石田私史』(『佐賀県近世史料』第八編第三巻所収)正保二年七月二十七日条に「夜半大風」の記述があり、正保二年七月二十七日夜に佐賀で大風が吹いたことがわかる。また、「隣国も大風吹候」「北国奥州も大風吹候」についても、『大猷院殿御実紀』正保二年七月二十七日条に、「中国・九州・北国幷出羽国大風にて城郭多く破損せりとぞ」の記述がある。

二条目「来年長崎御番被　仰付候」「当年右衛門佐(黒田忠之)方鉄炮幷物頭之員数」とあるので、この時、長崎番役はすでにはじまっており、この年は福岡藩が当番、佐賀藩は非番であることがわかる。

三条目「大木兵部(統清)儀、此中より領分之絵図申付置候」について、「領分の絵図」とは正保の国絵図を指すと考えられる。正保の国絵図とは、島原・天草一揆ののち軍事的な必要から、江戸幕府が諸大名に対して正保元年十二月に、海岸線や湊の様子を詳細に記入した国絵図の提出を命じたものである〔川村一九九〇〕。『大木氏伝記』(鍋島家文庫二一二/五八)正保元年に、「公儀諸国ノ大名ニ命シテ其国ノ絵図ヲ求メ玉フ、(略)勝茂公ノ奉行スル所鍋島伝兵衛茂教ト統清トヲ以其役ヲ勉メシム」(原文は漢文。書き下しは筆者による)とあり、大木統清が佐賀藩における正保の国絵図作成の責任者の一人であったとわかる。『勝茂公譜考補』(『佐賀県近世史料』第一編第二巻所収)正保二年に、幕府大目付井上政重よりの十二月十五日付の絵図受け取りの書状があるので、この条目の内容も正保二年と考えることができる。

このように、〔史料1〕の年次は正保二年と比定できるのであるが、二条目「鍋嶋七左衛門尉(深堀茂里)儀者、此地より、一左右次第、深堀へ即可被差越候、其上ニ若狭(武雄茂綱)・美作(多久茂辰)・豊前(諫早茂敬)・内蔵助(須古正辰)、此四人ニ而、一月替りか、二月替りかニ、一人宛、替々深堀へ可被相詰候」において、一点疑問がある。ここでは勝茂は、長崎に隣接する彼杵郡深堀や長崎湾口付近の島々を知行地とする深堀茂里を深堀警備に専念させるほか、武雄・

多久・諫早・須古の重臣四家に対して、一、二か月交代で深堀で勤番することを命じている。このうち須古家の内蔵助の家督は慶安元年（一六四八）であり（『同格系図』鍋島家文庫一四一／二一）、正保二年の須古家の当主は父の茂周である。なぜ家督前の内蔵助の名が記されているのか、〔史料1〕と関連すると思われる史料とあわせて検討してみよう。

〔史料2〕「多久家文書」三六七号〈No.二二九八〉

深堀番

鍋嶋若狭守（武雄・茂綱）
多久美作守（茂辰）
諫早豊前守（茂敬）
鍋嶋内蔵助（須古・正辰）

其方事、深堀ノ番被仕候へハ、如此中、諫早へしかと被罷有候儀ハ不入事候

来年、長崎御番被　仰付候ハヽ、右四人ニ而、二月より九月迄、一ケ月替りか二ケ月替りかニ、深堀へ付置可申と存候、一番目ニ誰可被罷越由ハ、来年被下　御暇次第、先立可申遣候条、内々何も其用意尤ニ候、已上、

八月十五日　信濃守（鍋島勝茂）（黒印）

〔史料3〕「多久家文書」三七八号〈No.二三〇九〉

已上

一書申遣候、

一七月二十七日之夜之大風ニ而、諸郷田畠過分ニ損候由、諸岡彦右衛門尉（茂之）より申越、笑止千万存候、長崎表、破損船其外、石垣家なと損候通、慶春（志田）・平田助左衛門尉ゟ一ツ書を以申越、見届候、深堀へも船家なと余多損候由、笑止ニ存事候、然者、馬場三郎左衛門殿（長崎奉行・利重）・山崎権八殿（長崎奉行・正信）・高力摂津守殿（肥前島原・忠房）へ、右大風之儀、早々以書状、可申入候処、

先月廿日ニ、御老中申請候ニ相究候つれ共、阿部豊後守（老中・忠秋）殿当分御煩ニ候故、先以相延候、就其、手前色々取紛候而、右之御衆へ申後候、于今遅々候へ共、今度、以書状申入候、日付之儀、先月廿三日書載候、此飛脚、海上ニ而風ニ逢、彼方此方と候て、存之外遅着之通、以使者申達、相届可被申候、使者ハ誰そかろき者見合、可被申付候、

一来年、長崎御番被　仰付儀候ハヽ、深堀へ一人宛番々ニ被相詰候様ニと、名書候而、先日申遣候内ニ、鍋嶋内蔵助（須古・正辰）と書付候へ共、因幡（須古・茂周）煩よく候ハヽ、深堀へ相越、可然存候、此段可被申渡候、

一来年、深堀へ小屋懸候而、鉄炮之者、其外召置候儀、並領中ニ大船無之候条、自然之時之用ニ、三百四五十石、四百石程之船、作せ候之儀、（馬場）三郎左衛門殿・（山崎）権八殿へ、可得御内意と存候へ共、頓而三郎左衛門殿、当御地可有御参府候条、其節、御面ニとくと御内談申、其上ニ而、井上筑州（大目付・政重）へも御相談可申と存候故、先以令延引候、為心得、申遣候、何も期後音候、謹言、

（鍋島）信濃守
勝茂（黒印）

九月二日

鍋嶋若狭殿（茂綱）
多久美作殿（茂辰）
諫早豊前殿（茂敬）
進之候

〔史料2〕は、鍋島勝茂が武雄・多久・諫早・須古の四家に対して、長崎番役を勤める年の、異国船来航が予想される二月から九月の間、一、二か月交代で深堀に詰め監視にあたることを命じたものである。〔史料1〕に記されてい

る四家による深堀番の正式な命令書のようである。ここでも須古家は家督を継承する前の内蔵助の名前になっている。さらに〔史料3〕とともに考察してみよう。

〔史料3〕の一条目、「七月二十七日之夜之大風」については、前掲の『石田私史』正保二年七月二十七日条に記載がある。また、老中阿部忠秋の病について、『寛政重修諸家譜』に、「（正保二年）八月二十五日また病痾のよし台聴に達し、御側中根壱岐守正盛を下され、封地におもむき療養をくはふべき旨恩命をかうぶる」とあり、阿部忠秋が正保二年八月に病であったとわかる。これにより〔史料3〕の年次は正保二年と比定することができる。

また、二条目、翌年の長崎深堀における武雄・多久・諫早・須古の四家による勤番体制について、「先日申遣候内ニ、鍋嶋内蔵助（須古正辰）と書付候へ共、因幡（須古茂周）煩よく候ハヽ、深堀へ相越、可然存候」とある。すなわち須古家の当主茂周は、この時、病であったため嫡男内蔵助の名を記していたが、茂周の快復が勝茂に伝わったため、深堀勤番は茂周が勤めるべきであるとしている（平幸治氏は、〔史料2〕について、〔史料1〕〔史料3〕が大風の記述や鍋島七左衛門（深堀茂里）の家督時期などから正保二年と比定できるので、〔史料3〕の須古正辰から茂周への勤番交代の記述により、正保二年のものと指摘している（平二〇〇二））。

このように〔史料1〕〔史料2〕〔史料3〕をあわせて検討することによって、これらはともに正保二年に比定することができる。三点の書状は、日付により、〔史料2〕→〔史料1〕→〔史料3〕の順で作成されたものである。『勝茂公譜考補』によると、鍋島勝茂は正保二年三月に参勤のため佐賀を出て、四月半ばに江戸に着いている。これらの書状の内容から、在府中の鍋島勝茂は国許の家臣に対して、長崎警備に関するつぎの指示を出していることがわかる。

①福岡藩黒田家（正保二年は長崎番役中）の警備体制の調査。
②武雄・多久・諫早・須古の四家による深堀勤番。

③井楼船（「井楼船」とは、関船の甲板上に、角材を校倉式に組み上げた井楼をつくり、その内部から大銃で攻撃する軍船である〔須藤一九六八〕。史料中の表記は「霽楼船」であるが、本文中は「井楼船」に統一する）、大船の建造。

『勝茂公御年譜』『勝茂公譜考補』『水江事略』など、佐賀藩における主要な年譜類の正保二年の記事に、長崎警備の人員や装備について具体的に触れた記述はないが、〔史料1〕〔史料2〕〔史料3〕によると、鍋島勝茂は長崎警備について①②③の指示を出している。この年の佐賀藩の動きを詳しく解明することは、近世前期における長崎番役がどのようであったかを理解するうえで重要と考える。

本稿では、多久家文書のうち、正保二年と年次記載があるもの、正保二年と年次比定されたものを中心に、佐賀藩の長崎警備について、正保二年を通観してみたい。

寛永十九年（一六四二）六月、長崎に入津した唐船の乗組員からキリシタンが発見されるという事件があった（『長崎オランダ商館の日記』第一輯）。さらに七月には薩摩藩領甑島、翌二十年五月に福岡藩領大島でキリシタンが捕縛される（『鹿児島県史料』旧記雑録後編六、『黒田家文書』第二巻）。同じく二十年、南部藩領山田浦にオランダ東インド会社所有のブレスケンス号が入港した〔ヘスリンク一九九八〕。また正保元年末には、幕府はポルトガル船来航の情報を得ていたといわれている〔山本一九八九〕。このように異国船来航が相次ぎ、また来航が予測されるなかで、幕府は正保二年二月つぎのような老中奉書を発給した。

〔史料4〕「多久家文書」四六号〈No.一九七六〉（正保二年に比定）

異国船、領内之浦江令到来、訴訟之儀於申者、船中之者、気遣無之様、致挨拶、至長崎、以奉行人、可遂訴訟旨、相含之、差添案内者、彼地江可被越之候、若在其所而、訴訟仕度と申候者、番之者付置之、其趣、大坂定番衆・（久貝正俊・曾我古祐）同町奉行・長崎奉行人、（山崎正信・馬場利重）幷高力摂津守（肥前島原・忠房）迄、早々注進尤候、自然、長崎江不相越、又者湊江船を不入、沖ニ有之而、ハし船を以、於令申者、湊江本船を不入、慥成者をも不差越候間、江戸江可及注進様なく、其上、当所ニハ通事無之候、長崎江罷越候義不成候者、可帰帆之旨含之、被相構間敷候、兎角日本江可為商船渡海之訴訟候間、彼輩不気遣様、可被心得候、恐々謹言、

二月十二日

阿部対馬守（老中・重次）
阿部豊後守（老中・忠秋）
松平伊豆守（老中・信綱）

鍋嶋信濃守（勝茂）殿

この老中奉書は、異国船が領内に来航し通商の交渉を求めた時に、長崎へ回送するよう指示したものである。また異国船が長崎へ行くことを拒否し、その地で交渉に及ぼうとした場合は、大坂定番・大坂町奉行・長崎奉行・島原藩主高力忠房へ注進する。入港しない船には、長崎へ行くか帰帆するかを勧めるという内容である。同日付同文のものが筑前福岡黒田家・讃岐高松松平家に宛てて発給されており（『黒田家文書』第二巻・『大猷院殿御実紀』）、他の西南大名も同じ老中奉書を受け取っていたことがわかる。この異国船の来航を想定した幕府の動きに、佐賀藩はどのように対応したのであろうか。

## 第二節　鍋島勝茂の国許における対応

〔史料5〕『多久家有之候書類』（鍋島家文庫〇一五／二二）正保二年二月二十五日付 武雄茂綱・多久茂辰・諫早茂敬・深堀茂里他三名宛 鍋島勝茂「覚」

（前略）

一自然かれうた参候ハヽ、公儀如御定、長崎御上使衆幷高力摂津守殿へ、不移時則深堀より御註進申、右請御指図万事緩有間敷事、

一若相替儀候て人数入儀候ハヽ、早速諫早へ申越候様ニ、兼而申付可召置候佐嘉ゟ之人数延引可申候条、豊前守者（諫早・茂敬）掛付候様ニ申渡召置候事、

（中略）

一佐賀より之人数不参合内ニ、若人数入用ニ於有之は、七左衛門（深堀・茂里）家中之者幷豊前守者共同前ニ可相働事、

一かれうた相見へ候ハヽ、第一舸子を集候儀、肝要ニ候条、先深堀・諫早之舸子成程懸付候様ニ可然候事、

（後略）

〔史料6〕「多久家文書」七一六号〈No.一八〇九〉正保二年二月二十五日付 成富直弘・武雄茂綱・多久茂辰・諫早茂敬宛 鍋島勝茂覚書

（前略）

一長崎深堀間ニ、若かれうた船着候而、人数入儀候者、其節罷出候人数、其外之仕組、別紙ニ書立、渡置候条、無相違様、可被申付候、但、定置候人数之内、可残者、其節之様子ニ随、指出可被申候、多勢罷越候儀、必可為無用候事、

（中略）

一長崎へ平田助左衛門尉・志田慶春、三月より遣置、正阿弥・九郎兵衛尉令談合、当年御番之衆、万事被申付様、細承合、切々江戸へ申越候様ニ可然候、心持ニ相成儀候条、念を入候様ニ可被申付候事、

（中略）

一我等御番前ニ而無之候共、両月ニ一度宛、深堀へ七左衛門尉（深堀・茂里）見廻候而、所々番之儀、中付可然事、（後略）

〔史料7〕「多久家文書」七一七号〈No.一八〇八〉正保二年二月二十五日付 武雄茂綱・多久茂辰・諫早茂敬・深堀茂里・諸岡彦右衛門宛 鍋島勝茂定書

於西目、人数可入刻之定

人数千七百壱人　鍋嶋淡路守（横岳・茂宗）
　　　　　　　　同　主水与私（武興）
　　　　　　　　同　市佑（納富鍋島）

同　千五百九拾九人　鍋嶋七左衛門尉与私（深堀・茂里）

同　千弐百五拾八人　諫早豊前守（茂敬）

同　五百七拾弐人　中野内匠与私（茂利）

同　五百九人　大木兵部与私（統清）

合人数五千六百三拾九人

人数可指出之由、上使衆御指図ニ候ハヽ、先右ノ名書之分、人数召連、早々罷出可然候、人数多候ハヽ、其時之見合次第、諫早矢上間ニ可残置候、

右人数之上、我等一手、可指出之由候時者、

但、半役ニ〆
人数千七百五十八人　紀伊守（小城・元茂）

但、半役ニ〆　　　　口上
人数千弐百六拾三人　甲斐守（蓮池・直澄）

同　千三拾七人　鍋嶋若狭守（武雄・茂綱）
同　千百八拾三人　多久美作守（茂辰）与私
鬮取ニ而一人可被罷出候、口上
同　弐百六拾五人　鍋嶋隼人
同　三百五拾壱人　関大和守与私
同　三百九拾六人　鍋嶋因幡守（須古・茂周）
同　四百弐拾九人　神代伯耆守（常親）
同　五百八拾人　西　五太夫
但、扶持方加子也
田沢助左衛門尉　与私

但、右之外、廻船幷取加子可有之候、多少其時之見合次第たるへし、

合、人数六千弐百弐拾五人

内、若狭・美作間ニ一人之人数除テ

都合、人数、壱万千八百六拾四人

右人数之内、可残者、其節之様子を見合、談合次第、可然候、（後略）

鍋島勝茂は、〔史料5〕「自然かれうた参候ハヽ」「かれうた相見へ候ハヽ」、〔史料6〕「長崎深堀間ニ、若かれうた船着候而」とあるように、「かれうた船」すなわちポルトガル船の来航を想定している。〔史料5〕では、「公儀如御定」長崎奉行や島原藩主高力忠房へ注進し指示を得ること、深堀鍋島家や諫早家が警備や舸子の人員を出すことを命じている。深堀鍋島家・諫早家の知行地は長崎に近接していた。深堀鍋島家は、彼杵郡深堀や高来郡のうち、また長崎湾口近くの島々が知行地であり、諫早家は、高来郡諫早のほか藤津郡や彼杵郡のうちにも知行地があった。佐賀藩

の長崎警備において、両家は重要な役割を担った。

〔史料6〕では、佐賀から警衛にあたる人数を別紙に記すとしており、その別紙が〔史料7〕と考えられる。〔史料7〕の「於西目、人数可入刻之定」は寛永十八年(一六四一)に二度発令されたものを一部改訂している〔藤野一九八一〕。たとえば「千五百九拾九人　鍋嶋七左衛門尉(深堀・茂里) 与私(くみわたくし)」とは、深堀茂里が指揮する鍋島家の直臣からなる組(与)と、深堀鍋島家の私兵(陪臣)をあわせて一五九九人の出兵であり、鍋島家が家臣家に賦課した軍役を表している。勝茂は有事の際には一一八六四人の出兵を考えていたことがわかる。

さらに〔史料6〕によると、第一節で紹介した〔史料1〕〔史料3〕で、福岡藩の警備体制の調査に当たっている志田慶春・平田助左衛門を正保二年(一六四五)三月より長崎へ派遣し、江戸へ現地の情報を送ることを指示した。また勝茂は、深堀茂里に当番年ではなくとも領内の巡視を命じた。このように勝茂は長崎警備についての多くの指示を与えて、参勤のため発駕した。

## 第三節　鍋島勝茂の江戸における対応

第一節で述べたように、正保二年(一六四五)に比定された多久家文書によると、長崎警備について、在府中である勝茂からの指示は、①福岡藩警備体制の調査、②武雄・多久・諫早・須古の四家による深堀勤番、③井楼船・大船の建造の三点である。それぞれについてさらに詳しく検討してみよう。近世前期における異国船対応と佐賀藩の長崎警備をめぐっては、先行研究でも多く取り上げられている〔平二〇〇二、木村二〇〇〇、安達一九九五、松尾二〇一〇〕。ここでは、異国船の来航が相次ぎ、また来航が予想されるなかで、佐賀藩では、正保二年に前記の①②③が並行して行われたということを念頭に置いてみていきたい。

## 1　福岡藩警備体制の調査

福岡藩の長崎番役における警備体制は、『新修福岡市史』資料編（近世1）によると、つぎのようである。

長崎御番手人数、寛永十八年同廿年ハ大頭一人・足軽頭四人・足軽六拾人程差越候、尤廿年ニハ外ニ石火矢打一人・使番小人四人被差越候事、

正保二年ヨリ慶安二年迄ハ御番手人数千三百人程ゟ千八拾人迄之人数高被差越、（後略）

すなわち福岡藩の長崎番役当番年の警備人数は、寛永十八年（一六四一）は六五人程度、寛永二十年は七〇人程度であるが、正保二年より一〇八〇人から一三〇〇人程度となっており、警備人数が大きく増加している。これは、正保二年二月十二日の老中奉書を受けての変化と推察される。翌正保三年、長崎番役を勤める佐賀藩としては、福岡藩の警備体制の規模を把握する必要があったのであろう（佐賀藩の寛永十九年の長崎警備について、『勝茂公譜考補』は、「人数三百人、鉄炮二百五十挺、船三艘」としているが、『長崎御番方大概書抜』〔鍋島家文庫二五二／七四〕では、寛永十九年・正保元年の警備体制について、「御番人数不分明」とする）。

福岡藩警備体制の調査について、〔史料6〕に、「長崎へ平田助左衛門尉・志田慶春、三月より遣置、正阿弥・九郎兵衛尉令談合、当年御番之衆、万事被申付様、細承合、切々江戸へ申越候様ニ可然候」とあり、勝茂は正保二年三月に志田・平田の両名を長崎に派遣し、江戸へ長崎番役中の福岡藩の状況を知らせるよう命じた。

「多久家文書」三〇二号〈No.二二三二〉（正保二年に比定、八月十五日付 武雄茂綱・多久茂辰他四名宛 鍋島勝茂書状）につぎのように記されている。

当年右衛門佐（福岡藩主・黒田忠之）方鉄炮幷物頭之員数、慶春（志田）・平田助左衛門尉ゟ、切々書付相越候へ共、段々違却申候付而難計候条、能承合、急度可被申越候、随其、鉄炮数幷与頭何人と有儀者、相究可申遣候、（後略）

この記述から、志田・平田は、福岡藩黒田家の鉄砲数や物頭の人数について、江戸に漸次情報を送っているが、なかなか正確な数がつかめなかったことがわかる。〔史料1〕によると、鉄砲数については、七月二十九日付の志田・平田の書状が届き、「右衛門佐方、長崎番所両所ニ、鉄炮二百五十挺相越有之由候」と、福岡藩は長崎番所に二五〇挺の鉄砲を配備しているという知らせが、江戸の勝茂にもたらされた。

なお、佐賀藩が最終的に知り得た兵員や船数については、『長崎御番方大概書抜』（「正保三年御番人数船数之覚」（鍋島家文庫二五二／七四））に、「右衛門佐殿衆江被相尋可有御聞せ由ニ而（中略）雑兵千参百人、鉄砲弐百五十挺、船三十艘之由」とあり、福岡藩に直接尋ねたところ、人数一三〇〇人、鉄砲数二五〇挺、船数三〇艘であった。

## 2　武雄・多久・諫早・須古の四家による深堀番

これまで述べてきたように、佐賀藩の長崎警備において、長崎に近接する知行地を持つ深堀・諫早両家は重要な役割を担ったが、鍋島勝茂は、「異国船来着時分と申、深堀之儀肝要ニ候（「多久家文書」二三七号〈No.二一六七〉、寛永十九年に推定）」、「我等領分ニ而者、深堀ならて異国船着岸之所無之候（「多久家文書」二九四号〈No.二二二四〉、寛永二十年に比定）」と、異国船対応の先頭として、とくに長崎湾口付近の島々を、その知行地に含む深堀領の警備を重視していた。〔史料6〕に「我等御番前ニ而無之候共、両月ニ一度宛、深堀へ七左衛門尉（深堀茂里）見廻候而、所々番之儀、申付可然事」とあることからも、それがわかる。

『深堀鍋島先祖戦功其外覚』（鍋島家文庫二二二／四）によると、寛永十九年（一六四二）「（深堀）茂賢自分ニ深堀城山・

高嶋両所ニ遠見番所相建候」とあり、さらに正保元年（一六四四）「城山遠見番所は相止、外ニ香焼嶋・脇津・伊王嶋・沖ノ嶋四ケ所見立」とある。このことから、遠見番所は長崎湾口に近い高島・香焼島・伊王島・沖ノ島と、野母半島南端部にある脇津（現長崎市脇岬町）の五か所に建設されたことがわかる。

「多久家文書」七一八号〈No.一八一一〉（正保二年に推定、閏五月二十三日付 武雄茂綱・多久茂辰他四名宛 鍋島勝茂覚書）につぎのようにある。

深堀之向之方、おらんた入津候口、かうやき嶋（香焼）と哉らん申候、七左衛門尉（深堀・茂里）領分之嶋之磯辺に、来年小屋懸候て、番之者二三百も召置候様ニ候てハいかゝ候ハん哉、誰そ遣、在所をも窃ニ見せ候て召置可被申事、

すなわち、勝茂は長崎湾口にある深堀領香焼島に番小屋を建設するにあたって、実地踏査を命じている。また、前掲「多久家文書」三〇二号〈No.二二三二〉では、深堀の島の番小屋は、「板ふき二ツか三ツか、余ハ皆かやふき二可申付と存候」としている。これらのことから、番小屋を建設するにあたっての整備が進められたと考えられる。また「嶋ニ小屋懸之儀も、三郎左殿（長崎奉行・馬場利重）・権八殿（長崎奉行・山崎正信）へ可遂御内談と存候」とあることから、それは馬場・山崎両長崎奉行の内諾を得てすすめられたものであった。

さて勝茂は、〔史料1〕〔史料2〕〔史料3〕からわかるように、武雄・多久・諫早・須古の四家に対して交代での深堀勤番を命じた。〔史料2〕では、四家が二月から九月までの間一か月あるいは二か月交代で深堀に詰めるよう指示している。では翌正保三年（佐賀藩の長崎番役当番年）深堀勤番の運用状況はどのようであっただろうか。

「多久家文書」一四一号〈No.二〇七一〉（正保三年に比定、五月三日付 武雄茂綱・多久茂辰・諫早茂敬宛 鍋島勝茂書状）につぎのようにある。

若狭（武雄・茂綱）儀、定而早速深堀へ相越、可被罷居候、苦労之儀と存候、人数幷鉄炮数船数之儀、此中切々申遣候之間、其

通ニ指越可申と存候、無申迄候へ共、昼夜無油断、所々御番等、被申付、可然候、

これは、深堀勤番中の武雄茂綱に対して、警備人数・鉄砲数・船数は指示の通りに油断なく勤めることを命じたものである。また、『水江事略』（多久市郷土資料館所蔵）に「九月（正保三年）公（多久・茂辰）長崎御守衛トシテ深堀御越、十一月佐嘉御帰ナリ」とあり、多久茂辰は正保三年（一六四六）九月から十一月まで深堀番を勤めたことがわかる。

このように鍋島勝茂は、異国船来航に備えて、長崎湾口に近い深堀領の警備を重視し、正保二年遠見番所の整備を進め、深堀鍋島家には非番年でも頻繁に番所を見回ることを義務づけた。さらに武雄・多久・諫早・須古の四家に対しては、翌正保三年の長崎番役当番年に交代で深堀に詰め勤番することを命じた。正保三年、四家による深堀番は、二、三か月交代で十一月頃まで行われたのである。

### 3　井楼船・大船の建造

前掲「多久家文書」七一八号〈No.一八一一〉に、「若当年長崎表へ御訴訟船来着候て、人なと入儀候ハゝ、御番ニ而無之候共、霽楼船なと出し候ハて不叶儀も可有之と存候」とある。鍋島勝茂は、長崎に通商を求める「御訴訟船」が来航して警備の人員が必要な時は、軍船である井楼船が必要と考えたのである。また「多久家文書」一三四号〈No.二一六四〉（正保二年に比定、六月二十五日付　多久茂辰・諸岡彦右衛門宛　鍋島勝茂書状）につぎのようにある。

隣国衆、霽楼船用意之由、先日申越候、松平右衛門佐（福岡藩主・黒田忠之）方ハ当年長崎御番之儀候条、格別之事候、先書ニも如申遣候、弥隣国承合、霽楼船其外並ニ不迦様、諸事覚悟尤候、縦きりしたん船不参候共、各覚悟之様子、当御地へ相知儀候条、申事候、

鍋島勝茂は、隣国でも井楼船を作るのだから、たとえ「きりしたん船」が来航しなくても他国並に遜色ないよう準

備をして長崎警備にあたる覚悟を示す必要があると述べている。なお、「多久家文書」二三五号〈No.二一六五〉（正保二年に推定、六月二十日付 多久茂辰・諸岡彦右衛門宛 鍋島勝茂書状）に「隣国衆霽楼船用意之由、得其意候、就其、筑前肥後大村へ被相誘（こしらえ）之趣、承届候」とあることから、「隣国衆」とは、福岡・熊本・大村の九州諸藩と考えられる。「御訴訟船」「きりしたん船」とは、通商を求めて来航が予想される国、キリスト教を布教する国であって、勝茂はそれが来航すれば有事に発展する危惧があり、軍船である井楼船を建造する必要があると考えている。また、「多久家文書」三〇二号〈No.二三三二〉（正保二年に比定、八月十五日付 武雄茂綱・多久茂辰他四名宛 鍋島勝茂書状）では、「当年者御訴訟船参間敷と、今度渡海之おらんた申之由、承届候、此中、爰許ニ而も其通取沙汰ニ候」とある。すなわち、オランダの情報では今年は「御訴訟船」は来航しないということが勝茂に伝わり、江戸でもそのようにいわれているという。『長崎オランダ商館の日記』には、一六四五年八月二十三日（和暦正保二年七月二日）長崎に入港したメールマン号が、「ポルトガル人が日本の陛下に派遣した使節がバタビアから近いバンタン市にいる」ことを伝えたと記されている。これらのことから、勝茂書状の「御訴訟船」「きりしたん船」とは、ポルトガル船が想定されていたと考えられる。

　佐賀藩ではさらに井楼船建造について具体的な計画を進めていく。前掲多久家文書二三五号〈No.二一六五〉に、「船二艘ニ霽楼一組宛十組、先以誘可申」とあることから、勝茂は当初船二艘に一つの井楼を取り付けようと考えたようである。つぎに前掲「多久家文書」三〇二号〈No.二三三二〉によると、国許の家臣達が実験した結果、「二艘組ハ、船之取廻シ梶其外不自由ニ候、其上波風なと之時も、扱候儀可難成由」と、二艘組は不安定で操縦が難しいといってきたので、一艘につき井楼を一つ取り付けたものを一〇組、正保二年に建造することになった。

　翌々年のポルトガル使節船来航時、『長崎オランダ商館の日記』一六四七年八月三日（和暦正保四年七月三日）、日本の警備についての記事に、「普通の船に楼を組み、屋台を作ったもの数艘がある」と記されている。船籍は不明であるが、楼を取り付けた船が出船していることがわかる。

また〔史料3〕に、「来年、深堀へ小屋懸候而、鉄炮之者、其外召置候儀、並領中ニ大船無之候条、自然之時之用ニ、三百四五十石、四百石程之船、作せ候」とあり、勝茂は正保三年の長崎番役に備えて、三百四、五十石から四〇〇石程度の大船建造を指示している。幕府は慶長十四年以来諸大名に強大な海軍力を持たせないために、諸大名が大船を所有することを禁じている（『当代記』）。〔史料3〕によると、勝茂はこれを気遣って「三郎左衛門殿（長崎奉行・馬場利重）・権八殿（長崎奉行・山崎正信）へ、可得御内意と存候へ共、頓而三郎左衛門殿、当御地可有御参府候条、其節、御面ニとくと御内談申、其上ニ而井上筑州（大目付・政重）へも御相談可申」と、長崎奉行や大目付に大船建造についての内諾を得ようとしている。

このように、鍋島勝茂は、翌正保三年の長崎番役に備えて、井楼船一〇組の建造を指示し、三百四、五十石から四〇〇石程度の大船建造を企図していた。このことは、「御訴訟船」「きりしたん船」（佐賀藩ではポルトガル船を想定していた）が来航した時の長崎警備に必要であった。また長崎番役の任を負う佐賀藩として、幕府に対する対面を保つためにも不可欠と考えられたのである。

## おわりに

これまで述べてきたように、正保二年（一六四五）鍋島勝茂は、翌年の長崎番役を勤めるための準備を進めた。では、正保三年の佐賀藩による長崎警備はどのように行われたのであろうか。

〔史料8〕『長崎御番方大概書抜』（鍋島家文庫二五二／七四）

（前略）

一正保三年御番人数船数之覚

一人数千三百人　　家老幷親類之者替々　壱人

内　　鍋嶋七左衛門（深堀・茂里）

鉄炮二百五十挺　　物頭六人

一船三拾艘　　天和二年之御窺書ニハ此船四拾六艘ト御書出

内

早船大小二拾艘

艀楼船拾艘

以上（後略）

〔史料8〕によると、正保三年の佐賀藩の警備人数は一三〇〇人、深堀茂里に加えて家老並びに親類家（武雄・多久・諫早・須古家）が交代で勤番することが記されている。鉄砲は二五〇挺である。船数は三〇艘、そのうち井楼船は一〇艘であった。人員や鉄砲数・船数については、福岡藩の警備体制とほぼ同じであることがわかる。

佐賀藩の長崎警備について、正保二年を通観するとつぎのようである。すなわち、正保二年、鍋島勝茂は、二月十二日の老中奉書を受けて、「かれうた船」（ポルトガル船）が来航した場合の指示とともに、出兵の定書を作成した。また鍋島勝茂は、「御訴訟船」「きりしたん船」（佐賀藩はポルトガル船を想定したと考えられる）来航に備えて、長崎番役当番である福岡藩の警備状況の調査を命じ、井楼船の建造を指示し大船建造を企図した。さらに自領である深堀の警備を重視し、番所の建築整備を進め、武雄・多久・諫早・須古の四家による交代勤番を命じた。鍋島勝茂と多久茂辰ら重臣達とのやりとりから、長崎警備の人員や出船数について幕府からの具体的な指示はなく、佐賀藩は福岡藩をはじめとする近隣藩の情勢に留意しながら、警備人数や船数を決定していく様子がみてとれる。しかし実行するにあたっては、大目付や長崎奉行の内諾を得ていたと推察される。このようにして、翌正保三年の長崎番役を勤める際の警備体制構築をはかったのである。



**参考文献**（未刊文献については本文中当該箇所に示した）


佐賀県立図書館編『佐賀県史料集成』古文書編第八・九・十巻、一九六四年〜一九六九年。

長崎市史編さん委員会編『新長崎市史』第二巻近世編（二〇一二年）、第1章第4節長崎警備。

村上直次郎訳『長崎オランダ商館の日記』第一・二輯、岩波書店、一九五六・一九五七年。

『石田私史』（佐賀県立図書館編『佐賀県近世史料』第八編第三巻所収）、二〇〇七年。

『大猷院殿御実紀』（黒板勝美編『徳川実紀』第三篇〔国史大系第四十巻〕所収）、吉川弘文館、一九三〇年。

『勝茂公御年譜』・『勝茂公譜考補』（前掲『佐賀県近世史料』第一編第二巻所収）、一九九四年。

続群書類従完成会『新訂寛政重修諸家譜』第十、一九六五年。

鹿児島県歴史資料センター黎明館編『鹿児島県史料』旧記雑録後編6、一九八六年。

福岡市博物館編『黒田家文書』第二巻（二〇〇二年）、八黒田忠之〜光之期老中奉書他。

福岡市史編集委員会編『新修福岡市史』資料編近世1（二〇一一年）、Ⅲ二長崎警備。

『当代記』巻五（早川純三郎編『史籍雑纂』第二所収）、一九一一年。

安達裕之『異様の船―洋式船導入と鎖国体制―』（平凡社、一九九五年）、第一章鎖国と造船制限令。

川村博忠『国絵図』（吉川弘文館、一九九〇年）、第四正保国絵図。

木村直樹「一七世紀中葉幕藩制国家の異国船対策」(『史学雑誌』第一〇九編第二号、二〇〇〇年)。

須藤利一『ものと人間の文化史・船』(法政大学出版局、一九六八年)、7水軍とその軍船。

平　幸治『肥前国深堀の歴史』(長崎新聞社、二〇〇二年)、第六章長崎警備と深堀。

藤井譲治編『日本の近世』第3巻支配のしくみ(中央公論社、一九九一年)、3平時の軍事力。

藤野保編『佐賀藩の総合研究―藩制の成立と構造―』(吉川弘文館、一九八一年)、本編第一章第五節鎖国体制と軍役。

松尾晋一『江戸幕府の対外政策と沿岸警備』(校倉書房、二〇一〇年)、序章、第一部家光政権による「南蛮船」来航禁止と沿岸警備。

山本博文『寛永時代』(吉川弘文館、一九八九年)、第三島原の乱とその影響、第六外からの脅威と幕政。

レイニアー・H・ヘスリンク『オランダ人捕縛から探る近世史』、山田町教育委員会、一九九八年。

〔付記〕　本稿は、二〇一七年十一月開催の「近世初期大名家における大身家臣史料群の研究資源化」プロジェクトグループ成果報告シンポジウム「多久家文書を読み直す2」における報告をもとにしている。私の不学により、先行研究である平幸治氏の著書『肥前国深堀の歴史』に収載されている正保二年の深堀警備についての論考を紹介することができなかった。本稿作成に当たり、改めて紹介させていただいた。

# 第四章　明清交替情報と佐賀藩の長崎番役

小宮　木代良

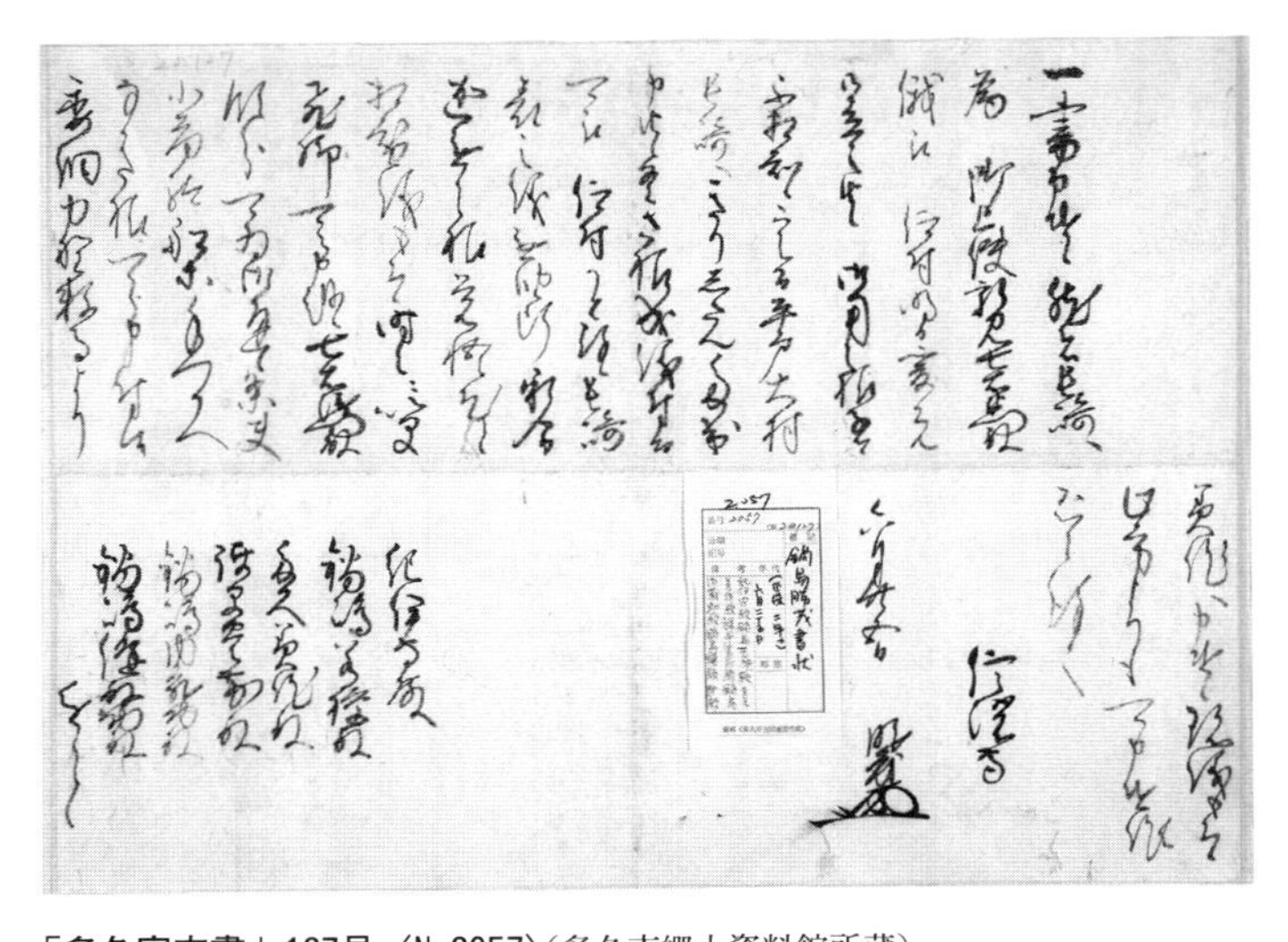

「多久家文書」127号〈No.2057〉(多久市郷土資料館所蔵)

## 第一節　「多久家文書」一二七号〈No.二〇五七〉の年次比定

〔史料1〕「多久家文書」一二七号〈No.二〇五七〉

一書申遣候、然者、長崎へ為　御上使、新見七右衛門殿（正信）、俄被　仰付、明日爰元御立之由候、　御用之様子者不相知候、定而平戸・大村・長崎へ、きりしたん多出申由候条、さ様成儀付而、可被　仰付かと存候、長崎表之儀、無油断承合、迦無之儀、覚悟尤ニ候、相替儀も候ハヽ、時々ニ以早飛脚、可被申越候、七右衛門殿、領分可為御通候条、夫小荷駄船等、手つかへなき様、可被申付候、委細中野数馬（政利）より美作（多久茂辰）へ申遣候、珍儀も候ハヽ、此方よりも可申遣候、恐々謹言、

信濃守

勝茂（花押）

六月廿五日

紀伊守殿（鍋島元茂）

鍋嶋若狭殿（茂綱）

多久美作殿（茂辰）

諫早豊前殿（茂敬）

鍋嶋内蔵助殿（正辰）

鍋嶋縫殿助殿（茂泰）

進之候

この六月二十五日付の文書は、在江戸の鍋島勝茂から佐賀在国の鍋島元茂外五名にあてたもので、翌日に江戸から新見七右衛門正信（幕府目付）が幕府の上使として長崎へ派遣されるらしいとの情報を伝えている。『佐賀県史料集成』では、「（正保二年カ）」とされている。佐賀領を通る場合の手当を命じるとともに、新見の用件が長崎や平戸等における切支丹取り締まり絡みのものではないかとの推測を伝えている。そこで、新見正信の長崎派遣という事象から、年次を検討する。

すると、同人の『寛政重修諸家譜』中の記事には、正保二年（一六四五）七月十日の記事として、「頓の御使にさされて、長崎におもむき」との記載がある。また、『寛政重修諸家譜』作成用の諸家からの呈譜である『略譜』（内閣文庫）には、「正保二年八月肥前国長崎江急御用、長崎江七日半ニ着仕、彼地に五日罷在、御用相済帰府」とある。正保二年の六月から八月にかけての「江戸幕府右筆所日記（以下「右筆所日記」）」において関連すると思われる記事を以下に示す。

〔史料2〕（右筆所日記姫路本）

六月二十一日

一大坂長崎豊後ゟ次飛脚ニ而書状到来、

六月二十三日

一未刻御黒書院出御、（中略）、次ニ掃部頭（井伊直孝）被召出、暫有祇候、退出也、

一右退去之後、讃岐守（酒井忠勝）・老中（松平信綱・阿部忠秋・阿部重次）・民部少輔（朽木稙綱）被召出良久有御密談、

六月二十四日

（中略）

一新見七右衛門長崎江為御使可被差遣候間、可致用意旨、伊豆守（松平信綱）得上意候趣也、

（中略）

七月十日

（中略）

一老中並井上筑後守（政重）御前江被為召、御用被仰付、其後新見七右衛門被為召、長崎江御使之御用被仰付之、人馬之御朱印幷御帷子単物等被下之旨被仰付之、

（中略）

一新見七右衛門拝領之御帷子黄金等、於御右筆部屋、阿部対馬守（重次）・松平伊豆守列座有之而渡之、

（中略）

八月十九日

（中略）

一石河三右衛門（勝政）・新見七右衛門御前へ被召、暫伺公、是三右衛門ハ去時分相州三浦へ御使被遣付而彼地様子御尋也、七右衛門事、長崎御使帰参ニ付而此亦其様子御尋也、

『寛政重修諸家譜』の当該記事は、新見家から幕府に提出された呈譜をもとにして、幕府保管の「右筆所日記」等とすりあわせながら作成されたと推測される。「右筆所日記」では、出発の準備を命じられたのが六月二十四日であり、実際に出発を命じられたのは七月十日となっており、一二七号文書における勝茂の認識とは異なっている。

ここで、同じ頃に江戸にいた柳川藩主立花忠茂から国許柳川の年寄たちにあてた六月二十六日付書状と七月六日付書状（「正保二年酉柳川御留守居衆へ御書控」〈柳川古文書館寄託立花文書〉）をみると、前者には、「新見七右衛門殿為上使

長崎へ御越ニ付、飛脚遣候間、一筆申候、然者長崎表へ自然異国船参候者、内々如申付候、三弥助（十時惟昌）罷越、彼地之様子見合、異国人御成敗之為躰も候者、人数をもよひ候様ニ可仕候」とあり、後者には、「其節新見七右衛門殿長崎へ為上使急々ニ被遣様子候間、其段申遣候処、于今相延申候、七右も毎日登城候而、被　仰付次第罷立覚悟ニ候へとも、今日迄ハ御沙汰無之候、為心得如此候、先日如申候、七右被参候者、使を遣可然候、三弥罷出候事ハ、松平隠岐守殿（定行）なと御越、異国船なと渡海之沙たも候者、其時ハ罷出可然存候」とある。したがって、「右筆所日記」の伝えるところが実態に近く、少なくとも最初の出発準備命令から十数日を経た七月十日以降に実際に江戸を発って長崎に向かったと思われる。

以下の史料は、長崎着後の新見の動静を示すものである。

〔史料3〕（『長崎オランダ商館長日記』〈『日本関係海外史料　オランダ商館長日記　訳文編』東京大学史料編纂所編〉）

十一日（一六四五年九月十一日〈正保二年七月二十二日〉）多くの傷んだ商品を風に当てるのに忙しかった。さらに九日前に江戸から当地に着いた使節の新見七右衛門殿を商館に迎えた。彼はこの日の午後知事三郎左衛門（馬場利重）とのとともにやって来て、少しの間、単なる視察をし、さらに座りこんで、出された料理をしばらく飲み食いし、知事とともに我々の酒も飲んだ。彼は見たところ楽しそうで、いくらかのことを話したが、ここに述べる程多くも、重要なこともなかった。それから立ち上がり、彼らと一緒に船まで行こうと言い、そうした。ブルックホルスト氏を我々とともにヤハト船リロ号に連れて行き、同船を、船長室から最下層の通路まで見て歩き、数人の水夫たちを楼檣へ登らせた上で水に飛び込ませ、それを閣下方は喜んで見て、それから〔船を〕離れて我々と一緒に再び島へ戻った。

七月十日から十二日後の七月二十二日には、新見は長崎へ現れている。その「九日前に長崎に着いた」とすれば、最長でも三日か四日間で江戸から長崎まで移動したこととなる。俄には信じがたいので、九日前に江戸を発して今着いたということの誤伝だったかもしれない。それでも、やはりとてつもないスピードで移動したことになり、これは、新見家からの呈譜に伝えられていた「急御用」「長崎江七日半ニ着」との記述に近い。また、呈譜の記事にあるように、長崎に五日のみの滞在であったとすれば、江戸城での帰参と報告が、八月十九日(「右筆所日記」)であることから、帰路も二十日ほどで急ぎ戻っていることになる。以上の考察より、本文書は、正保二年のものと比定される。

## 第二節　残された疑問—新見の長崎派遣の目的は何か—

では、新見正信は、どのような理由でこのようなきわめて緊急性の高い上使として派遣されたのか。この時期、長崎において幕府が対応を迫られていた課題を考える上で参考となる記事を、同時期の前出『長崎オランダ商館長日記』から抜き出し左に示す。

〔史料4〕(『長崎オランダ商館長日記』〈『日本関係海外史料　オランダ商館長日記　訳文編』〉)

①一六四四年五月二十三日及び二十四日(寛永二十一年四月十七日及び十八日)

同月二十三日及び二十四日　悪くない天気、ほぼ北寄りの風。朝、当地に肥前の領主が六艘の早船と何艘かの小早を従えて(例年の慣習に従い)長崎湾の入り口に兵士たちを配置し、ポルトガルとカスティリアのナヴェット船に対する監使を遂行するためにやってきた。〔これらの国の者が〕いつか(過去の損害と不名誉の恨みを晴らすため)当地に艦隊とともに現れる可能性も十分にある、と恐れてのことである。午後、長崎の知事たちは前述の領主とともに湾の端に舟遊びに行った。そこで宴会を開いた後、その場で互いに分かれた。

②一六四四年七月七日（寛永二十一年六月四日）

（前略）前述の知事は、（当地に最近到着した）中国人から以下のことを知らされていた。（中略）また、中国で大きな内乱があり、大官の一官がそれに際し一隊の司令官として起用されたこと、米及びその他の生活必需品は、前述の中国内乱によって非常な高値となったこと、マカオの市内でも食糧が高騰したので、ポルトガル人たちは非常に困窮しており、そのため下層の者は多数餓死し、金持ちは自分たちの宝石や現金をわずかな米のために費やしていること、その上同地では暴動すら起こっており、要するに、この地域は非常な絶望的状態と壊滅の恐怖の中にある、ということがわかった。

③一六四四年八月二十二日（寛永二十一年七月二十日）

同月二十二日　南西の風。朝、平戸の領主が知事に挨拶を述べるために長崎に来て、正午には改めて知事のもとに昼食をとりに行き、夕刻再び出発した。肥前の王鍋島殿の子息も来て、長崎湾の入り口の見張り（の様子）を巡検し、また随行の貴族とともに我々のところでフライト船カストリクム号を視察した。

④一六四五年五月二十四日（正保二年四月二十九日）

（前略）通詞吉兵衛は、ここにいるこの機会に、ついでに次のことを話した。（中略）また、何らかのキリスト教のしるしやら儀式をしたことやらのために捕らわれた者の数は、今や百をかなり超え、そこにはなお毎日様々な別の者が加わっている。それらすべては、去る三月二十九日の条に言及した日本人の坊主のもとで見つかったマリア受胎告知の刷物が、最初にして唯一の原因なのである。

⑤一六四五年六月十一日（正保二年五月十七日）

十一日　二隻の南京のジャンク船が、合計貨幣約一〇〇箱の価値の商品からなる豊かな積荷を積んで当地の停泊地に着いた。以前にも述べたように、戦乱と王が殺されたことによって、中国には上級権力というものがなくなってしまったので、大官に一隻に付き二〇〇タエルを支払えば誰でも自由に日本へ渡航することを許され、それゆえなお多くの他のジャンク船がこちらへやって来るだろう。

⑥一六四五年六月十三日(正保二年五月十九日)

本日、五日前に吊された者たちのうちの最後の数人が死亡した。これらの者たちは、他のこの件で捕らわれた者たち皆と同様に、今キリスト教徒であるためではなく、いずれかの時点で棄教したのであるが、十五年前以来キリスト教徒であったために、処断されたのだと考えられている。(中略)この日、二人の棄教した中国人のキリスト教徒、彼らのことは一月二十八日の条で言及したが、彼らが江戸から戻ってきて、他ならぬ、当地に来る中国人全員について、キリスト教徒かもしれないと見分けられた者についてそれを指摘するよう取り調べるという目的のために、当地に拘留される。

⑦一六四五年七月二十四日及び二十五日(正保二年六月二日から六月三日)

二十四日及び二十五日　強い北風が吹いた。本日、タルタリア人が中国に於いて非常に前進し、日増しにより大きな有力な地域を勢力下に入れていること、北京の大官が一時的に、もし彼がその官職に残れるならすべての兵士を引き渡すという条件でタルタリア人に服属したこと、今やこの前の去る六月二十三日、優に八十万人の兵力で大都市南京を〔周辺の〕地域全体とともに占領したらしいこと、さらに旅程六日分も南方へ進み、同国最大の河を渡ったこと、このように、現れた徴候から見ると、中国全土が襲撃され大部分が壊滅させられたのではないか、ということを知った。このことは、当地の知事も中国人たちから告げられており、概ね真実と考えられる。

⑧一六四五年八月十三日(正保二年六月二十二日)

十三日　なおほとんど同様、しかし正午には雨が降り出し、そのしばらく後さらにすべてが激しく吹き、しばらく嵐となった。夕刻遅く、非常に小さなジャンク船がいくらかの明礬を積んできたと聞いた。本日、一昨日到着したジャンク船による前述の中国に於けるタルタリア人の侵攻状況についての知らせは真実だったこと、福州とその周辺に於いては皆が戦闘の準備を整え、タルタリア人に対する抵抗のために大騒ぎをしていることを知った。

⑨一六四六年四月十三日（正保三年二月二十八日）

同月十三日　長崎に到着、同地で通詞たちが我々の帰着を祝いに来て、（中略）次のようなことを語った。（中略）中国は、タルタリア人にさらに激しく攻撃され、特に南京を奪われた。従って〔私が〕江戸への往路大坂にいた時一月二十六日条で言及している、生糸を積んだ一隻以外に、同地〔南京〕からジャンク船は来ていない。〔そのジャンク船が到着した〕当時、中国人一官から、タルタリア人への抵抗の支援が当地で要請され、知事権八殿によって長崎から江戸へ報告されたが、効果はなかった。

⑩一六四六年十一月十日（正保三年十月四日）

同月十日　当地に福州から一隻のジャンク船が優に半分腐りかけた黒砂糖だけを積んで現れた。〔乗員が〕語るところによると（中略）タルタリア人は、予告することなく、福州へと真っ直ぐ進撃した。王と一官はそれを聞いて、漳州へと逃走した。その前にタルタリア人は一方の側から、一官は反対の側からそれに火を放ち、灰となし、漳州も同様になされた。その噂を聞いて、当地では、特に友人たちや親族がその地方のあちこちに居住している中国人たちの間には、大きな落胆がひろがっている。それとともに大使の渡来は、今や全く考慮の外に置かれてしまった。前述の噂については、知事たちによって急便で宮廷へと知らされた。

⑪一六四七年五月十三日（正保四年四月九日）

同月十三日　非常に晴れた快適な天気、風は南南東のち南西　正午過ぎに砲声があり、一隻の南京の小型シナ・ジャンク船であると聞いた。このことは当地で非常に大きな評判を引き起こし、島の町長によって初めて我々に知らされた。何故なら、各々がタルタリア人の状況や彼等についての詳しいことを求め、非常に知りたがっているからである。（中略）新しい知らせは、中国の全土がタルタリア人によって征服され、一官ロウは囚われて北京へ送られ、彼の息子は、四〇〇の船舶とともに海上にいる〔とのことである〕。異なことが取り沙汰され、詳細や確証は今後のことである。

以上の記事に現れている当該期の長崎における幕府の課題は、以下の三つである。

⑴南蛮軍船の来航への対応
⑵切支丹の詮索・取り締まり
⑶明清交替状況の情報収集と来航中国船への対応

⑴については右の①と③、⑵については④と⑥、⑶については②⑤⑦⑧⑨⑩⑪が対応する。「多久家文書」一二七号において鍋島勝茂は、⑵の課題のために新見が派遣されるのではないかと推測し、前出の立花忠茂書状では、⑴の課題への対応が派遣の理由として推測されている。この二つの課題も「長崎オランダ商館長日記」（以下「商館長日記」）にその存在が確認できる。しかし、⑶の大陸での明清交替に関わる記事も、この二者以上に頻出している。以下に、関連する『華夷変態』の記事の一部を示す。

〔史料5〕（『華夷変態』）

大明兵乱伝聞　自長崎注進
一大明の帝王は崇禎と申候、（中略）

（中略）

一崇禎皇帝は一揆に北京の城をせめをとされ、御自害被成候故、大明に国王依無御座候、則崇禎之いとこ福王と申候を、去年五月十三日に、南京にて南京之諸国司等御即位なし奉り、年号は弘光と号し申候、然処に今度南京之城落却仕候様子は、韃靼人幷呉三桂等李公子を追払、北京山西山東陝西を打取其勢を以、今年四月より軍兵を南京之内揚州によせ、同中旬之比、揚州を攻落し、同五月九日に、揚子江を渡し申候処に、南京之内鎮江と申国に被召置候一官らうが軍勢、（中略）不及力、敗軍いたし候由申候、同十一日に則南京之王城を攻取候故、弘光皇帝の御行衛、知不申候、同廿四日に、韃靼人数百万にて南京を取り申候由、国々風聞仕候故、南京之内蘇州常州松江之者共何も聞落仕、城をあけのき候由に候、（中略）

（中略）

一一官らう敗軍之人数も、本国福建に引取申候、大明は大きに乱申候、江南江北之内に敗軍之人馬多御座候而、らんぼう仕由に候、

一閏五月迄に、韃靼人打取候国は、大明三分の一にて候と申候、

右は此比来朝の唐人ども物語仕候、以上、

酉六月三日

右の「大明兵乱伝聞」は、末尾の註記にあるように、その直前に長崎に来着した中国船乗組員から聞き取った大陸の情報を、長崎で正保二年六月三日付でまとめたものであり、その後江戸へ注進されたものと思われる。『華夷変態』は、延宝二年（一六七四）に幕府儒官の林鵞峰により明清交替後の状況を示す史料集として編纂されたものである。「大明兵乱伝聞」が、実際に長崎から江戸に注進されたものである可能性は高い。「商館長日記」⑦において、オラン

ダ商館長が正保二年六月二日から三日ごろに確認した南京陥落の情報は、「大明兵乱伝聞」の記載内容と一致する。この注進が、江戸に伝えられたのが六月の半ば過ぎだとすれば(前出「右筆所日記」における六月二十一日江戸着の長崎からの継飛脚である可能性もある)、それへの対応策が急遽検討され(同じく「右筆所日記」六月二十三日の「御密談」の可能性もある)、六月二十四日の新見への長崎上使としての待機命令につながったとも考えられる。待機が、長崎からの第二報を待つためであったとすれば、「商館長日記」⑧において六月二十日に長崎に到着したジャンク船から南京陥落等の先の情報の確認がとられたらしいことは、七月十日以降の新見の江戸出発と関連するかもしれない。

以上、新見の長崎派遣は、明清交替、とくに正保二年六月はじめごろに長崎にもたらされた南京陥落情報と強く関連している可能性があることを述べた。ただし、状況証拠にとどまっていることは否めない。幕府や大名の残した一次史料にもそれを明示するものがないからである。そして、それは、逆に考えると、幕府が、このときの長崎からの注進による情報を諸大名にも知らせていなかったのではないかという疑念につながる。

## 第三節　明清交替情報を幕府はいつから得ていたか

以下に、明清交替の経緯と日本への情報の到来について整理した。

正保元年(一六四四)三月、李自成の乱により、明崇禎帝自害する。
　四月、呉三桂、清と組み、北京を攻撃し、李自成を逐う。
　五月、清、北京を奪う、十月順治と改元。
　五月、福王、南京において即位、年号を弘光とする。

六月、鄭芝竜、福州において、唐王をたてる。

（月日不明）ⓐ（商館長日記②⑤）

八月四日ⓑ（商館長日記②⑤）

正保二年五月十一日、清軍、南京城を攻略する。

六月三日ⓒ（商館長日記⑦⑧）

十二月、明遺臣崔芝、日本に乞師・乞資の使者を派遣する。十二月二十五日使者長崎に着す。（商館長日記⑨）

正保三年八月、江戸にて韃靼から帰国した越前の船員への尋問あり。

八月、福州より鄭芝竜から乞師・乞資要請の使者を派遣、九月初旬長崎に到着する。

八月から九月、福州陥落し、鄭芝竜投降する。

十月四日、福州陥落の報、長崎に伝わる。（商館長日記⑩）

十月二十日、幕府、諸大名に福州陥落を伝える。

まず、右のⓐⓑⓒについて説明する。「華夷変態」冒頭部分には、正保元年段階から、中国商船→長崎奉行の経路で入手された情報が含まれている。ⓐは、正保元年の月日不明で、「長崎にて明国の商人記之、長崎奉行より注進す」とある漢文体のもの一通である。ⓑは、正保元年八月四日付で、「何も唐人共に色々相尋候へども、北京へ遠き国之もの共にて御座候故、十人は十色に申候、一円口揃不申候へども、風聞之通書付指上申候」と但し書きのある和文の「大明兵乱伝聞　自長崎注進」一通である。ⓒは、前掲の正保二年六月三日付の「大明兵乱伝聞　自長崎注進」一通である。とく

幕府が、明清交替の初期の段階から、長崎経由で大陸の状況に関する情報を得ていたことはあきらかである。とく

に正保二年五月の南京陥落、同年末および翌正保三年八月の請援（乞師・乞資）使の長崎到着、同年八月から九月にかけての福州陥落、等は、それぞれ大きな節目としての意味を持っていた。後述するように、このうち請援については、幕府が伏せていたと思われるにもかかわらず、国内にその情報が広がり、福州陥落に関しては積極的に幕府から全国の大名に伝えられている。ただ、南京陥落についてだけは、前述のように、正保二年六月の注進後もそのまま情報が伏せられているのではないかと考えられる。

## 第四節　大名たちは、明清交替情報をいつどのように認識していたか

### 柳川立花

正保二年（一六四五）六月から七月にかけて、在江戸の立花忠茂は、新見七右衛門の長崎派遣の情報を得る（前出）。その目的については、南蛮船の来航への対応を想定していると思われる。そして、左記のように、正保二年末の崔芝の使船及びその乞師等の内容についての情報が、在長崎の柳川藩留守居からの通報により、江戸の忠茂に翌年正月十二日に伝えられた。

〔史料6〕（「正保三年戌柳川留守居中へ之御書控」正月二十一日付 立花忠茂書状〈柳川古文書館寄託立花文書〉）

極月二十九日之飛脚当月十二日来着、書状披見候、

一南京ゟ飛脚船、極月二十五日長崎へ着岸、異国兵乱ニ付而、御加勢被下候様ニと申来候由、清田安右衛門尉所ゟ其元へ申越候付而、早々飛脚さしこし候、先以注進早ク候て満足申候、

一右之様子爰元ニ而御老中衆御中へ密々に承候処ニ、尤御城へも其注進候へとも、唐と日本の通シ百年以来絶、其

上日本之者を寄申ましきとて、番船迄置候躰ニて、今国の乱ニ成、難儀候とて御加勢なと、申候とて可被遣事ニ非候、其上帝王か将軍なとより申来候は、御返事之被成様も可有之候へとも、飛脚之躰ニ而何者申越候ともしれぬ事候、其上日本之武具異国へ御わたし候事いかゝと　思召候間、長崎両奉行ゟ返事可申上候ハヽ、将軍之御みゝニもたて候事ハ不及申、　御老中へも申上候事不罷成候由返事可仕之由被仰渡候、如此候間、　御加勢なと遣候事ハ中々有ましく候、又々申来候て之事ハ不存、今迄は如此候、

一右之到来継飛脚ニて申来候二三日ハ色々御内談之様子と聞え申、右之通ニ被仰渡候而、以後ハ何之御さたも無之候、

一御加勢なと被遣候事は有ましく候へとも、北京もはやとられ、南京迄とられ可申様躰ときこえ候間、重々唐之帝王将軍なとゟ達而　御加勢など申上候者又々しれぬ事候間、内々油断あるましく候、何時も御人数なと被遣候ハヽ、我等儀は御理り申上候而成とも、参度と之内存候、かならすひろく沙汰無用候、各為心得如此候、常々余人ニ勝御懇之様候間、ケ様之時之御奉公ハ何程可申上覚悟候、兼々各へも申含候間、不及申候、長崎へ参候飛脚船ニ武具被下候様ニと申来之由、爰元ニ而能々承候へバ、武具をかい候て参度と申たるよしニ候、大明ゟもし朝鮮へとりかけ候ハヽ、御加勢可奉頼由、前を以申なとゝ申候沙汰も為心得候、

（後略）

**京都所司代板倉重宗**

正保三年正月五日以前、在上方（京都）の板倉重宗は、崔芝の使船及びその乞師等の内容についての情報を知り、同日、甥の板倉重矩に伝えた（史料7）。さらに、正月十二日に出兵の私案を作り、重矩に示した（史料8）（小宮「「明末清初日本乞師」に対する家光政権の対応―正保三年正月十二日付板倉重宗書状の検討を中心として―」〈『九州史学』九七号、一

九九〇〉）。

〔史料7〕　国文学研究資料館寄託　福島板倉家文書

大明ゟ日本之御加勢被下候様ニと長崎へ使者とう人参着申候也、日本之御手柄此上無之候、御加勢遣申度候、我ら年より久敷御奉公成かたく奉存候間、同ハ大明へ渡申度候、侍ハ油断仕間敷事にて候、以上、

正月五日　　板倉周防守（重宗）

板倉主水佐殿（重矩）

其元ニ而沙汰無之内、沙汰仕間敷候也、

〔史料8〕　富田文書〈東京大学史料編纂所影印本〉（本史料は、小倉秀貫「徳川家光支那侵略の企図」〈『史学雑誌』第二編一五号、一八九一年〉において紹介された）

一大明江舟上り候てゟ作付陣城取何時も待軍可然候、
一永おい有間敷候、
一先へおシ出ス時ハ城ほり作付おシ出可申候、
一日本之人数ハ大将惣大将壱人次小大将十人、
一御人数、知行取十人斗、知行高百万石、
一被申人、
一惣知行取ゟ壱万石ニ馬乗一人足軽五人か三人、
一郷侍人つよき在所、
一今度渡申候者被下共、日本ニ而取切米そノまゝ被下、

一大明取候者、其上御加増可被下候と相定而遣申度候、
一大明渡候て別条無之ハ、乗渡候舟不残焼すて可申候、
先如此存候、披見候て此書付やき可被申候、以上、
正月十二日　　　　板倉周防守
板倉主水左殿

**肥後細川**

正保三年五月三日、在江戸の細川光尚は、「今程、唐へ加勢之儀なと下々風聞」が江戸に存在することを国許に知らせている。

〔史料9〕　正保三年五月三日付 松井寄之宛 細川光尚書状（八代市立博物館寄託松井文書）

三月晦日別紙之状披見候、仍有吉内膳与財津善内兵衛儀付而、別紙之書付幷書中之通可被得其意候、今程唐へ加勢之儀なと下々風聞之事候、際先内々仕置之通故、此儀落着迄者、公儀へ申上間敷内存ニ候間、此段者残年寄共へも可被申渡候、謹言、
肥後
五月三日　　　　光尚（花押）
長岡式部少輔殿

その後、正保三年八月十六日付の松井興長宛の長崎の天野屋藤左衛門からの書状で、長崎へ「今度参候南京船之唐人」から聴取した「大明之様子」についての報告書が出されていることが分る（同前松井文書）。

**対馬宗**

正保三年十月、江戸から対馬に向かった宗義成は、帰島直前から在田杢兵衛の朝鮮倭館派遣を命じ、東萊府との間の交渉を通じて大陸の情報を得ようとする（小宮「明清交替期幕府外交の社会的前提―牢人問題を中心として―」〈中村質編『鎖国と国際関係』吉川弘文館、一九九八〉。また、『華夷変態』において正保二年の対馬宗氏の情報収集とされるものは、正保四年のものであることが、松尾晋一「『華夷変態』と対馬宗家からの「唐兵乱」情報」〈『長崎県立大学研究紀要』一、二〇一六〉においてあきらかにされている）。

**薩摩島津**

正保二年五月、松平定行から島津氏家老中へ、琉球経由の大陸情勢の報告が求められている（『薩藩旧記雑録追録』）。さらに、正保三年六月以前、「今度彼国兵乱」についての、琉球と清の生糸交易の続行の可否が島津氏から幕府に問い合わせられている（『薩藩旧記雑録追録』）。江戸家老から在国の藩主島津光久にあてた正保三年八月十一日書状では、長崎への「従大明使者」に対する幕府の上使派遣の見込みについて伝えている（『薩藩旧記雑録追録』）。

**土佐山内**

在江戸の山内忠豊（藩主山内忠義長男）より国許の忠義にあてた正保三年八月十四日付書状で、江戸における「下々」での取り沙汰（「唐へ之御加勢之儀者被遣間敷由」）等が、伝えられる（土佐山内家御手許文書）。

以上をまとめると、長崎に伝えられた明清交替の情報が、大名にも伝わり、江戸等でそのことが取り沙汰されるようになるのは、琉球からの情報を得ることのできた島津氏を別とすれば、最初の乞師等の使者が長崎にきた正保二年末より以降である。そのきっかけも、立花忠茂の書状にみられるように、長崎において情報収集をしていた家臣からの報告によっており、江戸の忠茂は、その情報の確認を老中に求めている。細川光尚・山内忠豊の書状にみられるように、少なくとも正保三年五月以降から秋にかけて、江戸で「唐へ加勢之儀」が「下々風聞」となっており、その状況は、同年十月四日に福州陥落が長崎に伝えられ、それを江戸において諸大名へ幕府が告知し、大陸への出兵の可能性を全否定するまで続いている。その中で、京都所司代板倉重宗の出兵私案作成のような動きも生じていた。この段階では、「下々風聞」とある通り、正式に幕府からこのことに関する情報が大名に伝えられている訳ではない。

それより半年前の正保二年六月の南京陥落情報については、大名側においての話題にさえなっておらず、正保三年年頭頃の立花忠茂らの反応（「北京もはやとられ、南京迄とられ可申様躰ときこえ」）をみても、その情報はそれまで幕府から積極的には開示されていなかったと考えられる。

大名たちの対応には幅があるが、板倉重宗の場合を除き、幕府による決定を見守る立場である。板倉は、弟の重宗戦死後八年目。また勝茂以外の大名には、対外戦争の経験はない。

## 第五節　佐賀鍋島藩内における明清交替情報への反応

一二七号文書と同日付の「多久家文書」二三四号〈№二一六四〉には、明清交替への言及は全くない。南蛮船の来航準備のための井楼船建造と、翌年の長崎番役の準備への関心が中心である。その前後の多久家文書における国許とのやり取りでも同様のことがみられる。そのことにはじめて言及されるのは、福州陥落が周知された後であり、在佐賀中と推測される鍋島勝茂の正保三年十一月八日付 多久茂辰等宛書状（三九一号文書〈№二三二二〉）で、「異国就兵乱、はてれん其外きりしたん之類、唐船ニ乗来」ことを防ぐため、長崎にての船改め強化の指示が江戸からあったこと（十月二十日付）を伝達している。

この時点（正保二年）での佐賀藩のおかれていた状況を考えると、⑴正保三年の長崎番役の準備中であること、⑵龍造寺主膳の村田伊平太屋敷入り込みと幕府への公訴(同三年六月まで続く)が未解決であったこと、⑶原城攻めにおける「抜駆」処罰解除から七年後であったこと等が特記される。佐賀藩は、長崎近辺への領地の存在、長崎番役など、明清交替という大陸の変動に関して、もっとも情報を得やすい位置にあったと思われるが、そのことで、目立った動きはみられない(少なくとも一次史料においては)。正保二年六月の新見正信派遣に際して、それを明清交替情報の長崎到来との関係ではなく、数ヶ月前から問題となっていた平戸・長崎・大村における切支丹弾圧との関係で理解しようとしている。これは、新見の派遣を国許に伝えた立花忠茂が、南蛮船来航との関係で理解しようとしたのと同様に、派遣の目的についての具体的な情報を幕府関係者から伝えられていなかったことによると考えられる。

明清交替情報への佐賀藩の反応は、他の大名家に比べても、消極的、冷静である。あるいは、勝茂が同時期の大名の中で唯一の国外での対外戦争経験者であったということも関係するだろうか。少なくとも近世初期における佐賀藩の海外情報収集について、多久家文書などにみえる国許の重臣たちとのやり取りの中では、あまりその積極性は確認できない。あくまでも直近の長崎番役を失敗なく勤めることに集中しているようにみえる。これは、鍋島家存続のための幕府への奉公に集中しているということになる。のちに天和二年(一六八二)、鍋島光茂が長崎番役の意義を関ヶ原戦後の徳川氏の鍋島家へのはからいに対する報恩であると強調したことにつながる。

いっぽう、天保十四年(一八四三)完成の『勝茂公譜考補』に引用された記事は、明清交替に際して、佐賀藩が早い時期から、積極的に情報収集等を行っていたような印象を与えるものとなっている。とくに長崎で情報収集にあたっていた佐賀藩士から江戸の勝茂側近に伝えられたとされている「明国兵乱聞書」の文面は、十八世紀以降に流布する『華夷変態』引用の前出「大明兵乱伝聞」と一言一句酷似している。それがアヘン戦争直後成立の『勝茂公譜考補』に引用された意味の検討が必要である。

# 附章

一　めでたき春

二　鍋島勝茂自筆文書の特徴

三　「御上洛」情報の真偽

四　肥前杵島郡白石地域と鍋島勝茂

大坂城南外堀　寛永５年 鍋島家担当部分周辺

# 附章一　めでたき春―寛永十六年正月勝茂親子の将軍御目見え―

松田　和子

## 第一節　「多久家文書」三八号〈№一九六八〉の年次比定

〔史料1〕「多久家文書」三八号〈№一九六八〉鍋島勝茂書状

猶以、旧冬、　御前相澄候為祝儀、其地より段々使者飛脚被相越、参着申儀候、然上者、今日、　御目見申
候祝儀と候て、又々、其元ゟ使者ニても、飛脚ニても、相越候儀、無用ニ存候間、必相扣尤ニ候、已上、

急度申遣候、今日、　上様(徳川家光)表へ被為成　御成候条、可致登　城之由、昨晩阿部対馬守(老中・重次)殿ゟ御内意ニ付而、紀伊守(小城・元茂)・
甲斐守(蓮池・直澄)・刑部太輔(鹿島・直朝)召連、　御城罷出、今朝　御目見申、無残所仕合、安堵推察可被申候、右之段被承、大慶ニ可
被存と、早飛脚を以申遣候、随而、此程出雲監物(太田・茂道)・中野兵右衛門尉(政利)ゟ如申遣候、其元より十日間之飛脚之儀、も
ハや不入儀候条、弥被相扣可然候、何も期後音候、謹言、

信濃守
勝茂(花押)

(寛永十九年カ)正月廿八日

成富山城殿(勝茂男・直弘)
鍋嶋若狭殿(武雄・茂綱)
多久美作殿(茂辰)

諫早豊前殿（茂敬）
多久長門殿（安順）
影庵（須古・信明）
鍋嶋中務殿（須古・信明嫡男茂周）
神代伯耆殿（川久保・常親）
鍋嶋安芸殿（深堀・茂賢）
鍋嶋式部殿（倉町・貞村）
諸岡彦右衛門尉（茂之）

右の史料は、在江戸の鍋島勝茂が佐賀在国の成富山城外一〇人にあてた正月二十八日付の書状で、鍋島勝茂が、前夜の老中阿部重次からの連絡を受けて、元茂・直澄・直朝の三人の息子とともに、三代将軍徳川家光に御目見えしたことを、国許に伝えたものである。年次は、（寛永十九年ヵ）と比定されているが、この年次が妥当かどうか検討する。

最初に、書状の宛名に登場する人物の情報から年次を考えていく。「成富山城」は、鍋島勝茂の息子直弘で、江戸時代初期の佐賀藩の治水事業で中心的な役割を果たした成富兵庫茂安の養子となる。寛永十九年（一六四二）に姓を鍋島に戻し、のちの白石鍋島家の祖となる（「御親類系図」鍋島家文庫一四一／二三）。「鍋嶋若狭」は塚崎後藤家（武雄鍋島家）の茂綱で、承応三年（一六五四）十二月四日に没する（「同格系図」鍋島家文庫一四一／二一）。「多久長門」は寛永十三年正月十三日に隠居した多久長門守安順で、寛永十八年十月二十六日に没する（「水江事略」鍋島家文庫二一二／一六、「同格系図」）。「諫早豊前」は諫早家の茂敬で、寛永十二年家督（父直孝同年六月晦日没）、慶安五年（一六五二）五月十五日没（「同格系図」）。「影庵」は須古家（須古鍋島家）の信明で、寛永三年隠居、同十九年閏九月二十七日没（「同格系図」）。

「鍋嶋中務」は信明嫡男茂周で、寛永三年家督、慶安五年六月二十日没（「同格系図」）。「神代伯耆」は神代常親で、慶安四年八月十九日没（「御親類系図」）。「鍋嶋安芸」は深堀鍋島家の茂賢で、正保二年（一六四五）二月十一日没（「御家老系図」鍋島家文庫一四一／八）。「鍋嶋式部」は鍋島志摩家（倉町鍋島家）の貞村で、正保二年二月五日没（「御家老系図」）。「諸岡彦右衛門尉」は、諸岡茂之のことで、物成五〇〇石余の大与頭、正保三年十月に御蔵方頭人役を免ぜられる（「葉隠聞書校補」『佐賀県近世史料』第八編第一巻））。

次に、本文の人物だが、「上様」は三代将軍徳川家光（在位元和九年（一六二三）七月〜慶安四年四月）のことである。「阿部対馬守」は老中阿部対馬守重次のことで、彼が老中になるのは、寛永十五年十一月七日である（「柳営補任」『大日本近世史料　柳営補任一』））。「紀伊守」は小城藩主鍋島元茂、元和五年十二月晦日従五位下に叙せられ、紀伊守に改める。承応三年十一月十一日没（「付録・佐賀藩三家系図」『佐賀県近世史料』第一編第七巻））。「甲斐守」は蓮池藩主鍋島直澄、寛永十二年十二月晦日従五位下に叙せられ、甲斐守に改める。寛文九年（一六六九）三月五日没（「付録・佐賀藩三家系図」）。「刑部太輔」はのちの鹿島藩主鍋島直朝、寛永十七年十二月晦日従五位下に叙せられ、和泉守に改め、寛文十二年隠居する（「付録・佐賀藩三家系図」）。「紀伊守」「甲斐守」「刑部太輔」は三人ともに鍋島勝茂の息子である。「出雲監物」はのちに太田鍋島家を継ぐ茂道（鍋島式部少輔貞恒）で、慶安元年実家である太田家を継ぎ、鍋島式部少輔と名を改め、太田家と出雲家の知行を合わせて相続し、寛文元年没する（「御家老系図」）。「中野兵右衛門尉」は中野政利で、部屋住にて年寄格を仰せ付けられる。寛永十七年新知物成三五〇石、同十九年一五〇石加増、寛文四年没（「葉隠聞書校補」）。

以上、人物についての情報を総合すると、年次の上限は寛永十六年、下限は寛永十七年となる。鍋島勝茂が寛永十七年五月に下国し、寛永十八年三月に江戸へ参勤、かわって鍋島元茂が寛永十八年五月に初めて佐賀へ下国する（「勝茂公譜考補」（『佐賀県近世史料』第一編第二巻）、「元茂公御年譜」（『佐賀県近世史料』第二編第一巻）ことからも、年次の下限は寛永十七年となる。したがって、（寛永十九年ヵ）という年次比定は誤りで、寛永十六年もしくは寛永十七年のいずれかに比定できる。

それでは勝茂と三人の息子たちが、将軍に御目見えしたのは、一体どちらの年であろうか。

〔史料2〕「多久家文書」四四七号〈№二三八五〉鍋島勝茂書状

猶以、于今者、逼塞と有儀、無之候条、万其心得尤候、乍然、兼日ニも差合可有之と被存候儀者、被相扣可然候、已上、

改年之吉兆目出度存候、仍我等儀、今十五日ニ紀伊守・甲斐守・刑部太輔召連、登　城申候様ニと、阿部対馬守殿より被仰聞候付而、罷出候処、　上様少御眼気心ニ被為成御座候故、今日者惣様　御目見無之候、二三日中ニ　御目見可有之との儀ニ候、爰元之儀、悉皆心安可被存候、右之段被承、大慶ニ可被存と存、以早飛脚、申遣候、何も期後音候、謹言、

信濃守

（寛永十六年）正月十五日　勝茂（花押）

山城殿

若狭殿

美作殿

豊前殿

長門殿

影庵
中務殿
伯耆殿
安芸殿
式部殿
諸岡彦右衛門尉

〔史料2〕も〔史料1〕と同様、在江戸の鍋島勝茂が佐賀在国の成富山城守直弘外一〇人にあてた書状である。日付は正月十五日付、年次は(寛永十六年)と比定されている。この年次については、追而書に「于今者、逼塞と有儀、無之候条」とあり、この記載が、寛永十五年の島原の乱における軍令違反により鍋島勝茂に逼塞が命じられ、それが赦されたことを指していると考えられること、さらに本文冒頭に「改年之吉兆目出度存候」とあることから、(寛永十六年)で間違いない。

書状の内容は、老中阿部重次より連絡を受けた鍋島勝茂が、十五日に元茂・直澄・直朝の三人の息子を連れて登城したが、将軍徳川家光の体調が悪く御目見えが無くなったこと、しかし二、三日中にはあるだろうから安心するようにとのことを国許に伝えたものである。

〔史料2〕も〔史料1〕と同様に、勝茂親子四人の将軍御目見えに関する鍋島勝茂の書状であること、また宛名である成富山城外一〇人すべての人物が一致することから、〔史料1〕〔史料2〕は同年に出された書状、すなわち寛永十六年の正月に出された書状と比定できる。なお、この御目見えに関して、「勝茂公譜考補」では、寛永十六年正月の記事に、「同月廿八日、御登城、首尾能御目見、御老中方御廻リアル」と記されている。

〔史料1〕〔史料2〕から、鍋島勝茂は、当初、正月十五日に、将軍御目見えのため、息子三人とともに登城したが、将軍徳川家光の体調不良によりその予定は延期され、再度正月二十八日に登城して、御目見えを果たしたことが分かる。家臣たちが、逼塞が赦されたとの知らせを聞いて、祝いの使者や飛脚を次々に送っていることは、これ以上の使者や飛脚は不要であると勝茂が〔史料1〕に記していることからも明らかで、寛永十六年の正月、在江戸の勝茂と佐賀在国の家臣たちとの間で、頻繁に書状のやりとりがなされていたようである。

以上のことから、〔史料1〕「多久家文書」三八号〈No.一九六八〉鍋島勝茂書状の年次は、寛永十六年である。

## 第二節　「多久家文書」五〇九号〈No.二四七一〉ゆき消息

〔史料1〕および〔史料2〕と関連して、将軍御目見えについて記された史料が、多久家文書にもう一通ある。

〔史料3〕「多久家文書」五〇九号〈No.二四七一〉ゆき消息

尚々御めみえの仰いたし候へは、しなの殿（鍋島勝茂）むねつまてと仰候て、十二月ニハ七八度も、廿七日まて、きうし（灸治）御すへ候つれとも、御めみえの事仰いたし候てゟ、きしよく（気色）もすき／＼とよく候て、此ほとハさたも仰候ハす候、此よしふうちゐん（ほうちいん）（宝地院豪舜）へも御申とゝけ候へく候、いろ／＼申たき事候へとも、にわかのひきやく（飛脚）にて、御めみえの事計ニ下中候ゆへ、大かたニ申入候、いつよりも、こゝもとハめてたき春にて御入候、そこもとにても御いわいなされ候へく候、めてたくかしく、

おもてより飛きやく下候間、一筆中候、卅日の仰出たしにて、此十五日、おやこ四人なから御めみえなされ、めてたきとも何とも、さらに／＼申つくしかたくそんし候、そこもとの御よろこひ、上下ともニのゝめき中候ハん

事、おしはかりまいらせ候、古年みそか七ツ時分まてハ、もはや年内にても候ハぬと、めいわくせんはんニ中くらし候処へ、御とうはん(当番)あへひつ中(阿部対馬守の誤り)殿より御つかひにて、さぬき殿(大老・酒井讃岐守忠勝)へ、しなの殿(鍋島勝茂)御出候へとの御事にて、何事にて候哉らんと、又きつかい(気遣い)ニきつかいかさねあんし(案じ)申候へは御定にも御くんはう(軍法)そむき申、一はんのり(番乗)いたし候ゆへ、しゆつし(出仕)をとゝめさせられ候へとも、つね〳〵しなの(鍋島勝茂)りちきしや(律義者)にて候ゆへ、さう〳〵めしいたされ(召し出され)、御しやめん(赦免)なされ候とをり、いつれも御としより中御そろいにての仰わたしにて、こゝもとのよろこひ、つねの正月にてあらす候、めてたさ、十五日の御めみえのしやわせ(仕合)よく候事、一かたならぬいわい、御すもし候へく候、かしく、

(寛永十六年)
正月十五日　　ゆき(勝茂室高源院侍女)ゟ

申給へ

多久
みまさか殿(茂辰)　まいる

〔史料3〕は、在江戸の鍋島勝茂室高源院侍女ゆきが佐賀在国の多久美作守茂辰に出した消息である。日付は〔史料2〕と同じ正月十五日付、勝茂と息子たち、親子四人での御目見えが、今日十五日におこなわれると、大変喜んでいる様子を伝える内容となっている。〔史料3〕の年次は(寛永十六年)に比定されている。これは、〔史料2〕と日付が一致しており、勝茂親子四人の将軍御目見えという内容の一致からも間違いない。さらに本文にある「卅日の仰出たし」というのが、御開門の仰出があった寛永十五年十二月三十日のことを指していると考えられ、「大猷院殿御実紀巻三十九」(『新訂増補国史大系第四十巻　徳川実紀』)寛永十五年十二月晦日(三十日)条に、「鍋島信濃守勝茂。板倉主

水茂矩。目付石谷十蔵貞清は。此春肥前国有馬の城責めに。軍令をそむきて先登しけるをとがめられ。逼塞命ぜられ籠居せしが。けふ御ゆるしあり。（日記）」とあることからも、〔史料3〕の年次は寛永十六年と比定できる。

正月十五日に予定されていた将軍御目見えは、〔史料1〕〔史料2〕により、実際には、正月二十八日に延期となっている。しかし、〔史料3〕は、おもてから、この十五日に、四人揃って御目見えするという連絡を受けたことから、御目見えが叶ったと思い、国許の多久茂辰へ知らせるため、高源院の侍女ゆきが消息を出したのであろう。

〔史料3〕には御目見えが伝えられるまでの勝茂の様子も記されている。

まず、追而書には、十二月中の勝茂の様子として、鍋島勝茂は胸がつまるとのことで、十二月中、二十七日まで七、八度も灸の治療をおこなっていたが、御目見えが決まった途端具合がすっきりと良くなっていると記されている。

さらに本文には、三十日にあった仰出について、七ツ時分までは、もはや年内にはおこなわれないと非常に迷惑に思って暮らしていたところ、老中阿部備中守（対馬守重次の誤り、備中守は重次の父、正次）から使いが来て、大老酒井讃岐守忠勝の元へ御出になるように連絡があり、勝茂が、気遣いに気遣いを重ね、心配して伺ったこと、軍法に背いて一番乗りを果たしたため、出仕を止められていたが、鍋島信濃守勝茂は律儀者であるので、早々に召し出されて、御赦免の仰出が老中お揃いでおこなわれたこと、江戸での喜びようは常の正月ではないめでたさであると大変喜んでいることが記されている。

〔史料2〕と〔史料3〕はともに同じ正月十五日付の将軍御目見えに関する内容のものであるが、〔史料2〕の勝茂の書状が、御目見えが延期になったことや、使者や手紙は必要ないこと等を簡潔に家臣に伝えているのに対し、〔史料3〕は、十二月中の逼塞の御赦免が出ない中での不安な勝茂の様子や、一転御赦免が出た後の大変な喜びの様子が、より詳細に記されている。これは〔史料3〕が、高源院の侍女ゆきが書いた奥向きの消息であったためと思われる。

また、〔史料3〕の追而書には、多久茂辰に、逼塞が赦されたこと、御開門の御沙汰があったことを「ふうちゐん」に伝えてほしいと記されている。この「ふうちゐん」は「ほうちいん(宝地院豪舜)」のことで、「勝茂公譜考補」の「御閉門幷御免」の項に、「御閉門内、多久美作守マテ仰越サレ、清水山宝地院豪舜へ被仰付、於御本丸数日抽丹誠、御開門御立願相掛祈念ス、御開門ノ上、諸岡彦右衛門、奉行ニテ鐘楼御建立被遊」と記されているように、佐賀城本丸で御開門の祈願をおこなった人物である。

鍋島勝茂・高源院夫婦は多久茂辰を通じて、宝地院豪舜に、御開門の祈願を依頼し、その後無事に御開門されたため、その連絡を茂辰におこなってもらったのであろう。のちに御礼として造立された鐘楼と梵鐘は、「見瀧寺縁起絵」(清水山見瀧寺宝地院蔵)に描かれたが、この縁起絵には、勝茂夫婦と豪舜との対面の場面とみられる佐賀藩邸内の様子も描かれている(福井尚寿「見瀧寺縁起絵について」〔『佐賀県立博物館・美術館調査研究書』第二十四集〕)。

## おわりに

佐賀には、「鼓の胴の松飾り」という正月飾りがある。これは逼塞が赦された後に正月の準備をおこなったが、急なことで通常の飾り付けが間に合わないことから作られた松飾りが由来とされている。その慌ただしい正月準備の様子が、「勝茂公譜考補」に記されている。「今度御開門ニ付、早速荒物居彦惣(屋)ヲ召寄、御門松ノ儀御詮議アリ、其時兼テ支度シ置タル由ニテ、夜ノ八ツ時飾建ケリ、至テ急ナル事ニテ、外ノ飾物ナク、焼炭・代々(橙)・鶴ノ羽・諸向ヲ付ケ、御歳ノ餅ヲモ差上、御吉例ニナル(御用聞由緒記)」。このように急な支度で用意された松飾りであったが、この後は吉例となり代々飾るようになったとのことである。〔史料3〕高源院侍女ゆき消息に、「いつよりも、こゝもとハめてたき春にて御入候」とあるように、軍令違反の処分を赦され、鍋島勝茂親子四人での将軍徳川家光へ御目見えという特別喜ばしい正月が到来した寛永十六年の正月は、佐賀藩にとって、いつも以上に、この上ない喜びの春となった。

「多久家文書」三八号〈№一九六八〉を関連する文書と比較検討して読み直したことで、寛永十六年正月の鍋島家のめでたき春の様子が確認できた。

# 附章二　鍋島勝茂自筆文書の特徴―形態・封式を中心に―

及川　亘

## はじめに―「多久家文書」の鍋島勝茂発給文書―

佐賀鍋島家の家老を務めた多久家に伝わった多久市郷土資料館所蔵「多久家文書」には、鍋島勝茂から当時の多久家当主に宛てられた発給文書(書状・覚書類)が集中して残されている。これらは私的な内容のものもあるが、おおむね初期の鍋島家の運営に関わるもので占められており、佐賀県立図書館所蔵「坊所鍋島家文書」と並んで、初期佐賀藩政史料の白眉をなすものである。「坊所鍋島家文書」が、当時の姉川鍋島家の当主であった鍋島生三(寛永六年〈一六二九〉卒)の活躍した慶長・元和期に集中しているのに対して、「多久家文書」は慶長期から勝茂の卒する明暦三年(一六五七)まで、勝茂の代をほぼカバーしており、寛永期以降の勝茂および鍋島家の動向を知るうえで不可欠の史料群である。

「多久家文書」の勝茂発給文書は、『多久家資料および後藤家文書目録』(多久市郷土資料館編)で「書状(巻子)」に分類される四五七通と、「達・手頭」に分類する一七通(うち三通は勝茂による裏書・奥書)の合わせて四七四通があり、「書状(巻子)」分は『佐賀県史料集成　古文書編』第八巻・第九巻に全点翻刻されて研究に活用されている。

全体の内訳をみてゆくと、全四七四通のうち書状・消息が四一八通、覚書・条書が五六通ある。また原本が四四八通、原本のうち自筆と目されるものが一〇二通(書状一〇一通、覚書一通)ある。

## 第一節　鍋島勝茂自筆文書の形態・封式

ここでは「多久家文書」鍋島勝茂自筆の発給文書に注目して、その封式について概観したい。鍋島勝茂自筆の発給文書一〇二通の内訳は、形態別にみると竪紙八九通、折紙一三通（うち覚書一通）である。これらを、①竪紙書状（結封）、②竪紙書状（捻封）、③折紙書状、④折紙覚書に分類して整理すると以下のようになる。ちなみに「多久家文書」の竪紙の勝茂書状は全て自筆で、祐筆書きのものはない。なお文書番号は『佐賀県史料集成』により、併せて〈〉括弧内に『多久家資料および後藤家文書目録』番号を示した。

①竪紙書状（結封）

結封の竪紙書状は五七通ある。結封の書状には、袖から表を外に巻いたもの（文書の奥に差出・宛所が現れる）と、奥から表を内に巻いたもの（文書の端裏に差出・宛所が現れる）とがある。封の墨の付き方から分類すると次の通りとなる。

- 封じ目に墨引きのみ付すもの……………………………二五通（図1-1）
- 封じ目に記号を付すもの……………………………五通
- 封じ目に墨引きの他、記号を付すもの……………………一九通（図1-2）
- 封じ目に墨引きの他、「封」字を付すもの………………六通（図1-3）
- 封じ目の懸かるように宛所を書くもの…………………一通（図1-4）
- 封じ目に墨引きを付し、さらに記号と宛名を書くもの……一通（図1-5）

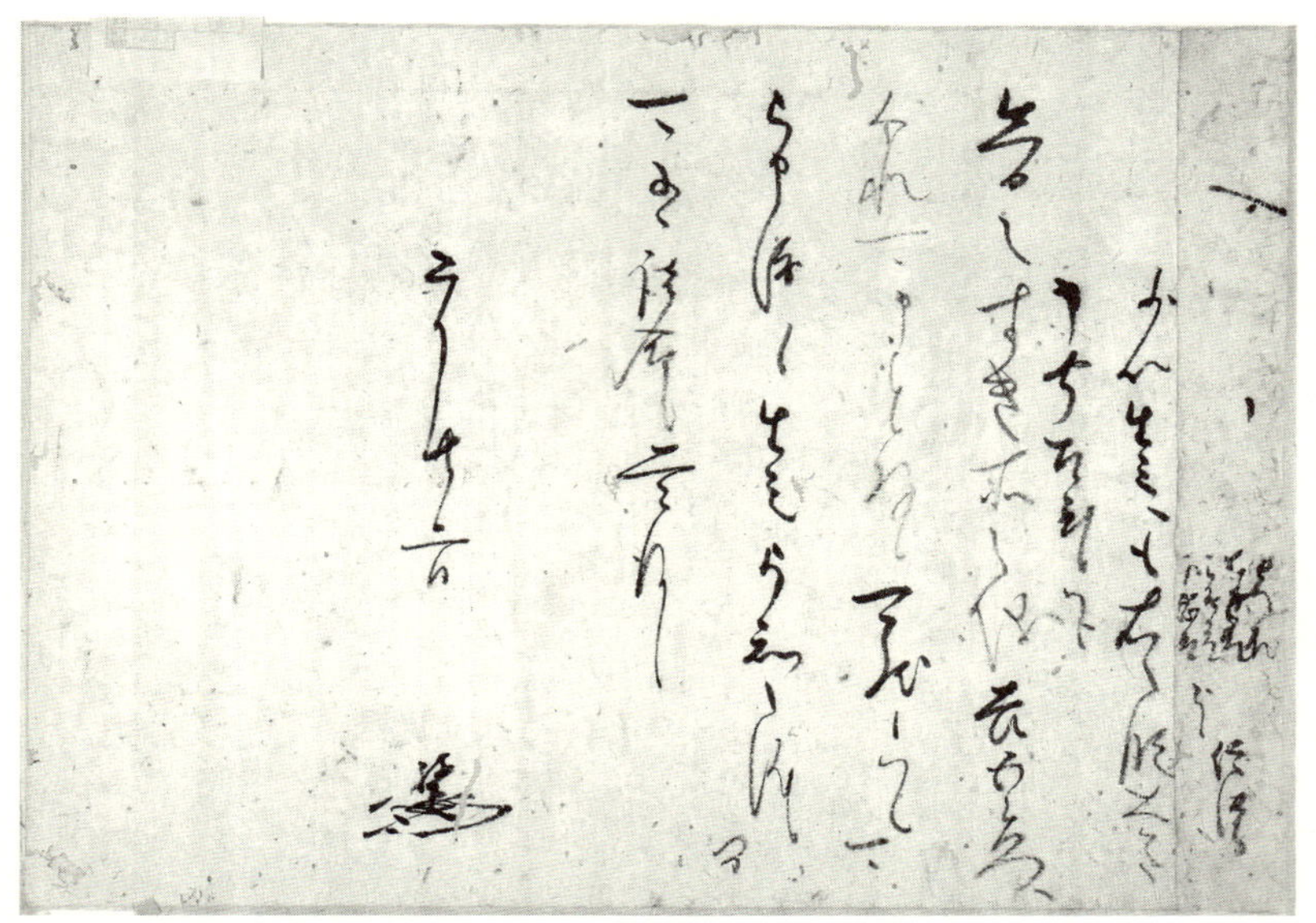

図1－1　結封（墨引のみ）　端裏を切って翻して成巻する
「多久家文書」 3号〈No. 1933〉

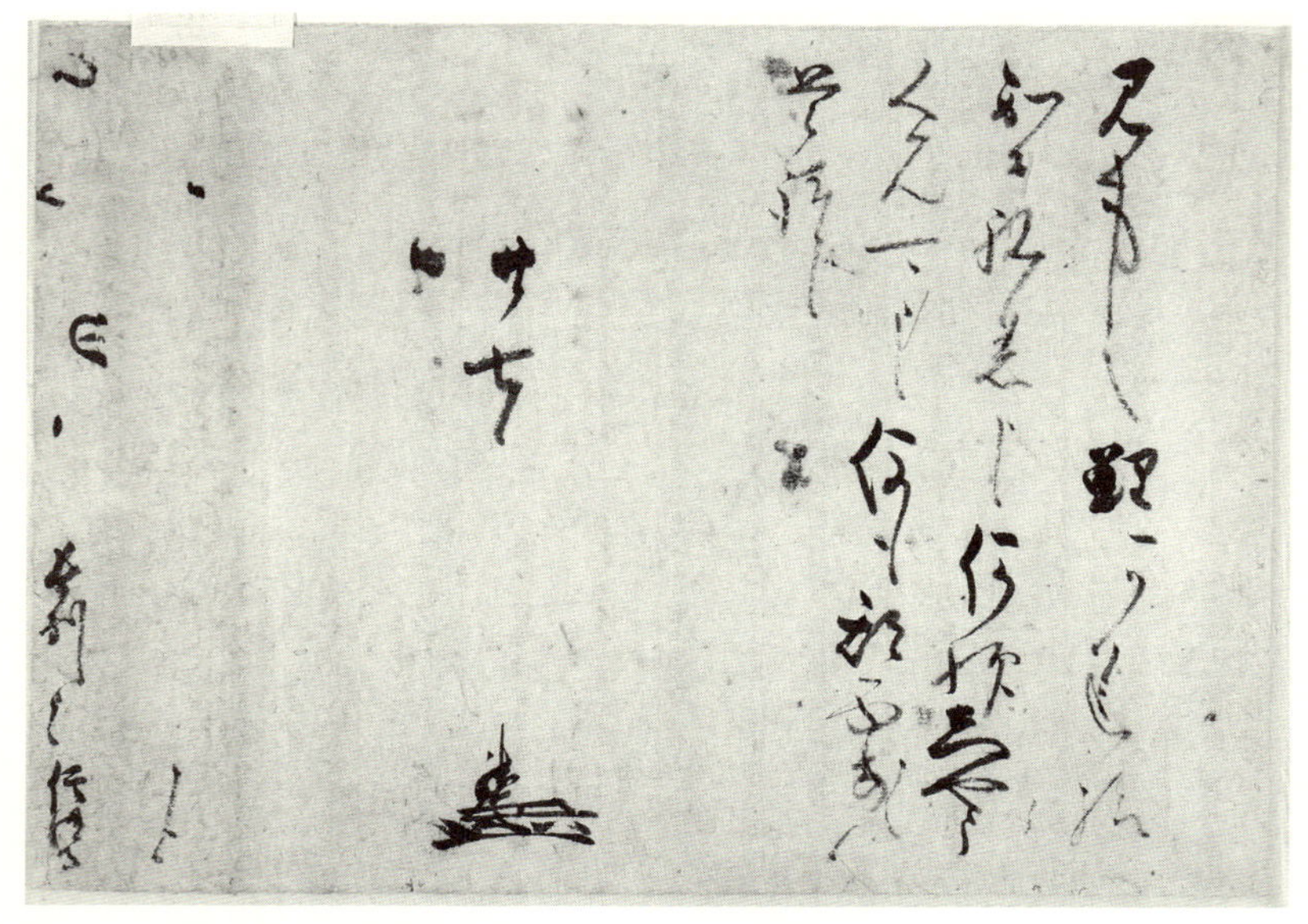

図1－2　結封（墨引＋記号）「多久家文書」 60号〈No. 1990〉

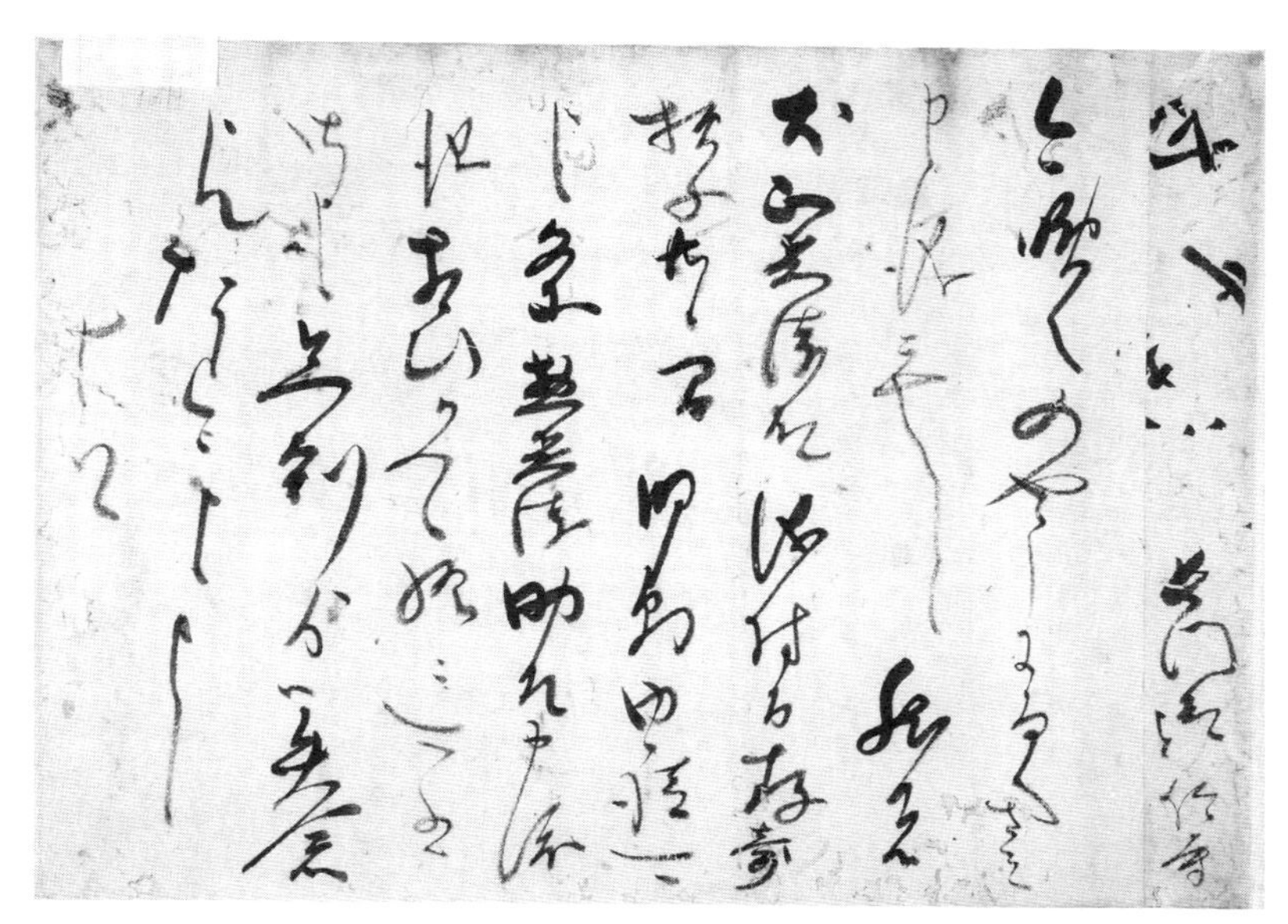

**図１－３　結封（墨引＋「封」字）**　端裏を切って翻して成巻する
「多久家文書」74号〈No. 2004〉

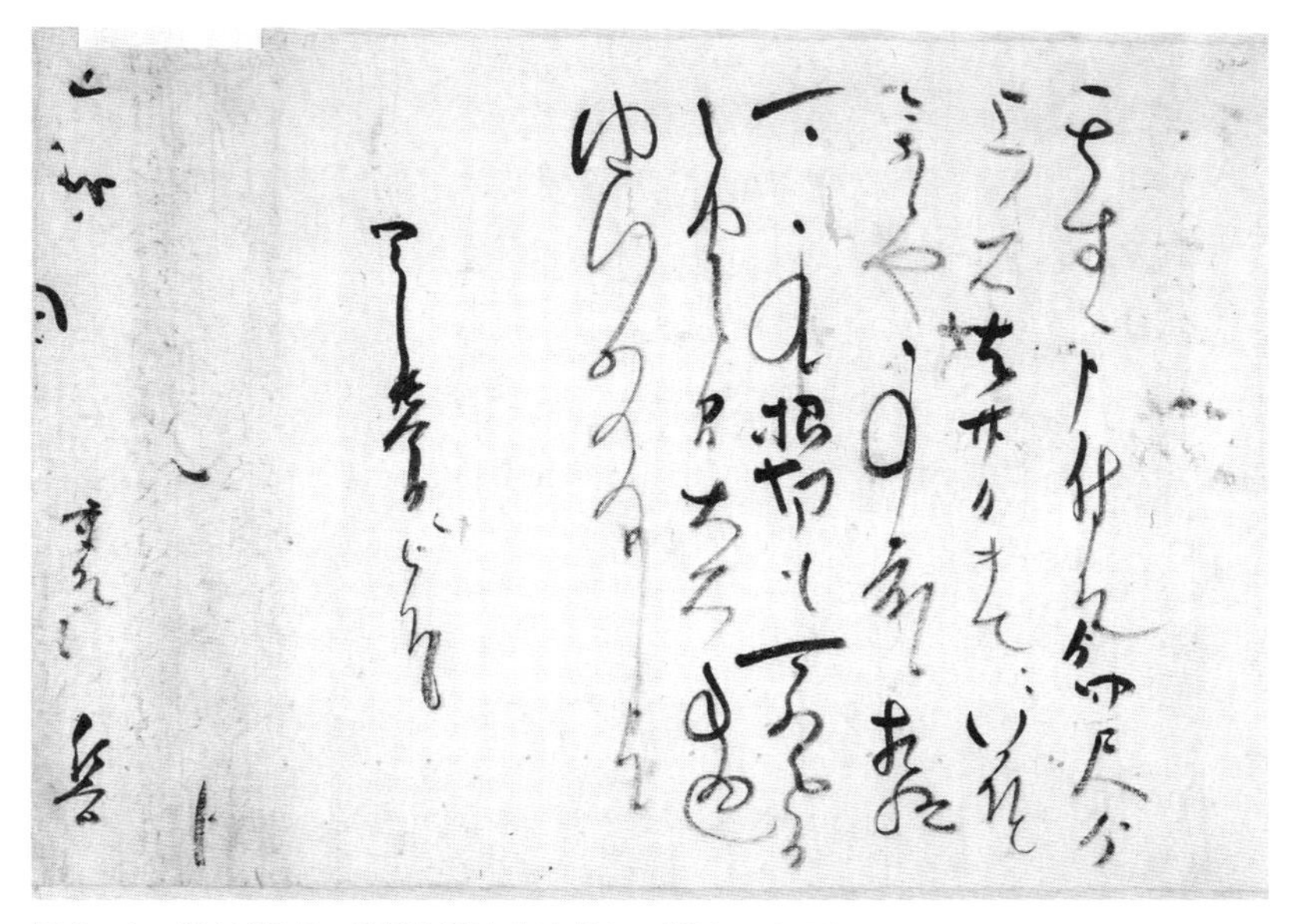

**図１－４　結封（記号＋宛所）**「多久家文書」440号〈No. 2378〉

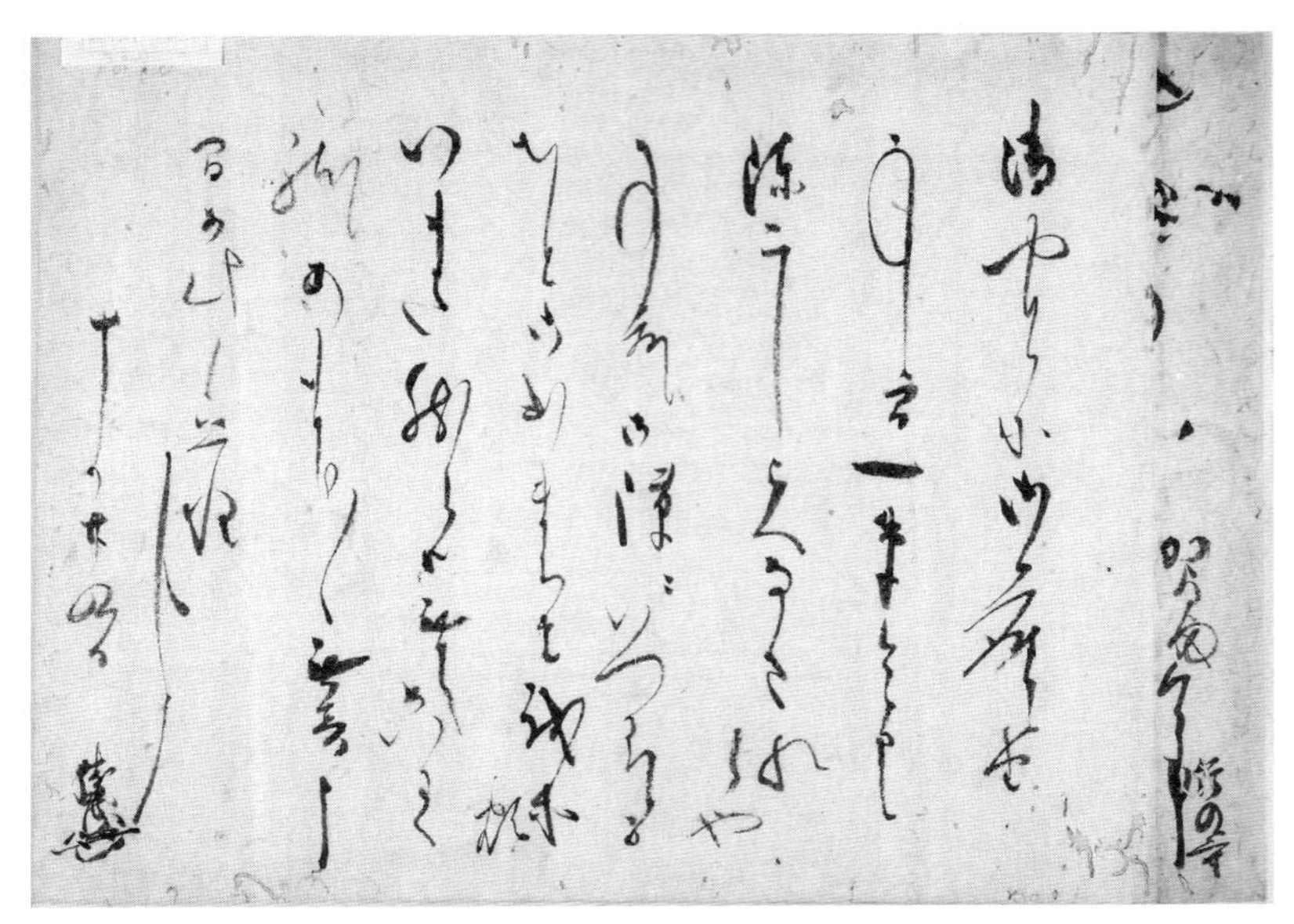

**図1－5　結封（墨引＋記号＋宛所）**　端裏を切って翻して成巻する
「多久家文書」76号〈No. 2006〉

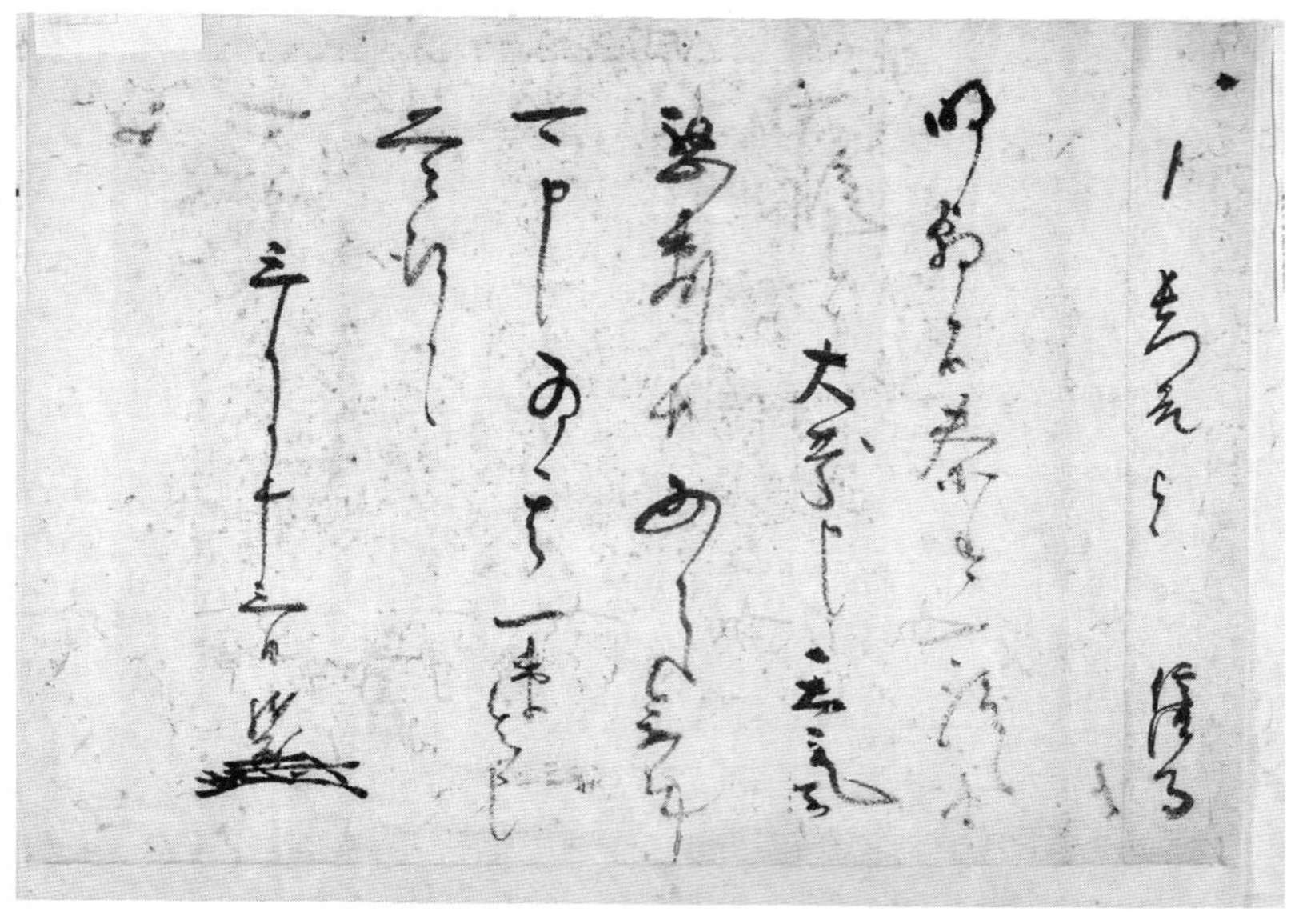

**図2　捻封**　端裏を切って翻して成巻する　「多久家文書」2号〈No. 1932〉

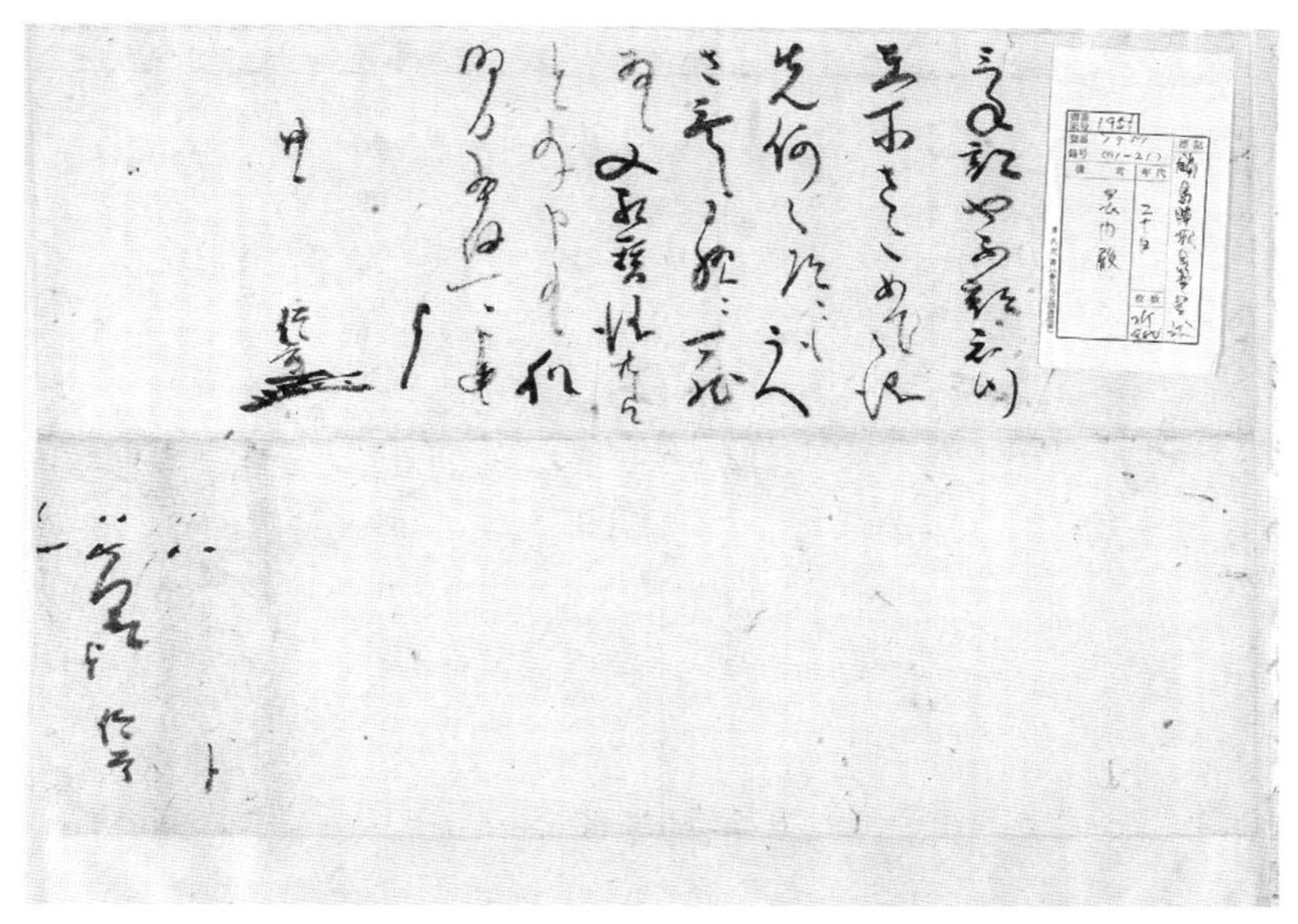

**図 3**　**切封（折紙書状）**「多久家文書」21号〈No. 1951〉

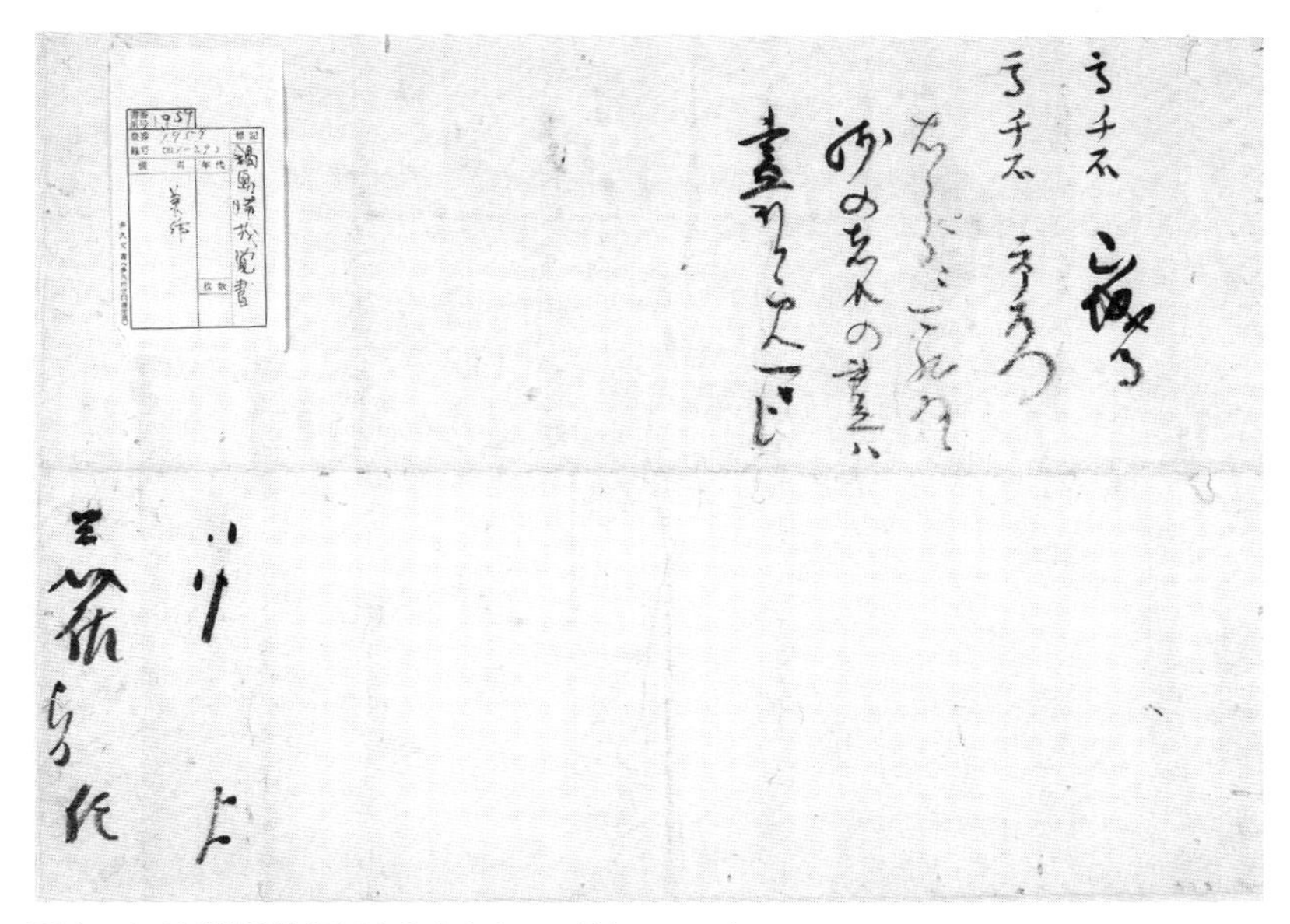

**図 4**　**切封（折紙覚書）**「多久家文書」29号〈No. 1959〉

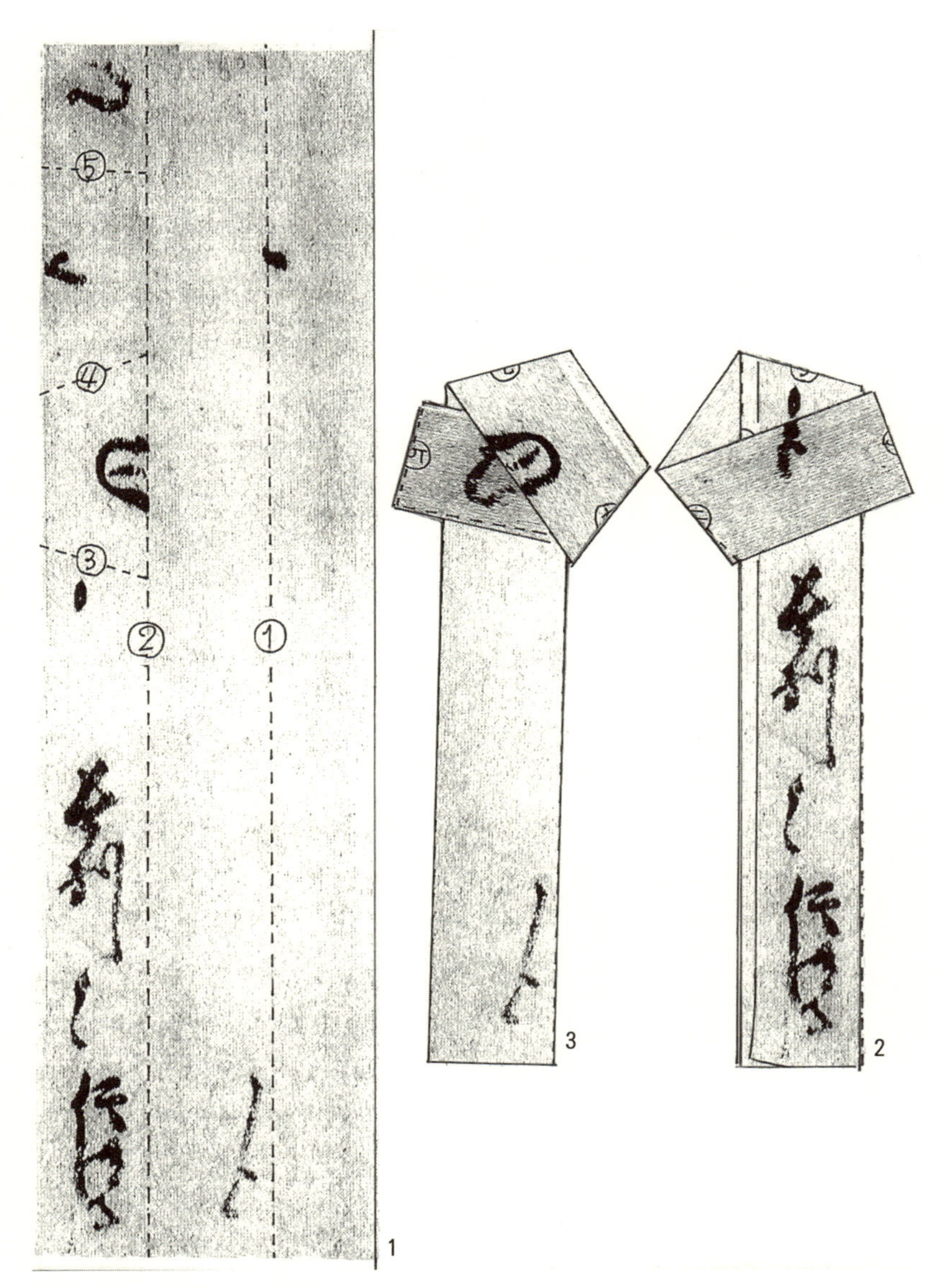


**図5　結封の実例**　「多久家文書」60号〈No.1990〉
参考のために、図1－2の奥の差出・宛所の部分を利用した結封の模型を用意した(図5－1)。コピーして実線に沿って切り取り、点線に沿って①～⑤の順番で山折にして端を差し込むと結封が完成する。表側に差出・宛所と封じ目の墨引きが書かれ(図5－2)、裏側に封じ目の記号と下部に「ㇵ」の字が書かれる(図5－3)。

②竪紙書状（捻封）

捻封の竪紙書状は三一通ある。全て墨引きのみ付される。こちらも奥から表を内に巻いたものと、袖から表を外に巻いたものの両方がある（図2）。

③折紙書状

自筆の折紙書状は一二通あり、うち切封の墨引きがあるものが四通あるが、切封そのものは残っていない。また包紙は残されていない（図3）。

④折紙覚書

自筆の折紙覚書は一通あり、切封の墨引きがある。包紙は残されていない（図4）。

## 第二節　鍋島勝茂自筆文書の傾向

「多久家文書」の鍋島勝茂自筆の発給文書は、多久家初代 多久長門守安順宛が七六通（うち一五通は安順の前名 龍造寺与兵衛宛）、安順養子の多久図書茂富宛が一九通（うち三通は茂富の前名 龍造寺孫四郎宛）、多久家二代 多久美作守茂辰宛が三通、安順・茂辰宛が一通、不明が三通である。他家の連名の宛所になっている場合もあるが、多久家が落手して、回覧するなり写しを作るなりして伝達したものと考えられる。

初代安順は龍造寺一門の龍造寺長信の嫡子で、初め龍造寺与兵衛と称したが、慶長十二年（一六〇七）末には多久長門守を称するようになり、寛永十三年（一六三六）に隠居した。茂富は安順の養子となり、初め龍造寺孫四郎と称し、慶長十三年には図書を称するようになった。理由は分からないが寛永五年に茂富は勘当され、多久家二代は茂富の子茂辰が継ぐこととなり、寛永十三年の正月に家督が譲られた。

発給時期について。これらの文書は、日付が月日ではなく日だけ記されるものが三七通、日も記されないものが二三通ある。これは差出人と受取人が、日のみ記されている場合は少なくとも数日のうちにやり取りできる範囲に居り、また日も記されていない場合はその日のうちにやり取りできる近所にいることを示す。緊急性の高い要件のものが多く含まれることが考えられる。しかしそれだけに、両者がお互いに了解している事柄については、記述が省略されたり、結論のみが記されたりするために、読み解く上での手掛かりが非常に少なくなってしまう。その結果、年次比定は困難なものが多く、ここで一つずつ検討する余裕はない。ただし、安順と茂辰に与えられたものは、宛所が彼らの前名になっているものも一定数含まれており、慶長・元和期のものが多い印象であるが、どうであろうか。二代茂辰に与えられた文書は、おおむね寛永十三年以降のものと考えられる。

形態について。前節に整理したように、竪紙が多く折紙は少ない。文書の内容による使い分けの傾向をつかむことはできない。時期による使い分けについては今後の課題である。

また竪紙書状を文書の袖から表を外に巻いて奥で封をするか、奥から表を内に巻いて袖で封をするかについても、内容による使い分けはみられない。ただし、奥で封をする場合は文書本文の文字面が露出し、差出と宛所も記すので、料紙の奥の余白が多めに必要になる(図1-2、1-4)。逆に、袖で封をする場合は、文書本文が内側になり、差出・宛所も端裏に記入するので、本文を記すスペースは広くなる(図1-3、1-5)。したがって、相対的に長文のものには前者よりも後者の方式が利用される傾向がある。

封式について。竪紙書状は結封(約六割)が捻封(約四割)より多い。ちなみに佐賀県立図書館所蔵「坊所鍋島家文書」の鍋島直茂・勝茂発給文書を、刊本『佐賀県史料集成　古文書編』によって鍋島直茂・勝茂についてみてみると、直茂自筆とみられる竪紙の書状七七通のうち、結封五六通、捻封二一通で、勝茂自筆とみられる竪紙の書状六一通のうち、結封三六通、捻封二五通となっており、やはり結封の自筆書状の方が多い。直茂については結封の割合がより高く、勝茂については「多久家文書」と同等である。これも文書の内容による使い分けの傾向はみられない。時期については、例えば茂富宛の自筆書状一九通（全て竪紙）のうち、本書第一章で紹介・分析した慶長十五年のものと考えられる一〇通の書状は、結封五通、捻封五通となっており、同時期に両方の封式を混用していたことが分かる。

## おわりに

以上、「多久家文書」に含まれる鍋島勝茂自筆の発給文書の特徴を形態・封式を中心に大雑把にみてきたが、残された課題は大きい。

先に触れたように、勝茂自筆の一〇二通の文書のうち、日のみ、あるいは日も記されていないものが六〇通もあり、年次比定の困難なものがかなりの数にのぼる。形態・封式の傾向をつかむにも、本来一点一点の時期を特定して比較検討する必要があるが、文書一点ごとの年次比定については多久家文書研究会で研究を進めているところであり、そちらの成果を得たうえで改めて検討したい。

また「坊所鍋島家文書」との比較も今後の課題である。現在知られている勝茂自筆文書のかなりの部分が「多久家文書」と「坊所鍋島家文書」に含まれており、両者を併せて検討することが必要である。また「坊所鍋島家文書」には直茂の自筆文書も多数含まれており、これと勝茂自筆文書を比較検討することもできるだろう。

# 附章三　「御上洛」情報の真偽

佐藤　孝之

## はじめに

江戸幕府の初期においては、将軍・大御所の上洛がしばしば実施された。将軍・大御所の上洛には諸大名も供奉を命じられたことから、上洛の時期がいつになるのかといった上洛に関する情報は、諸大名にとって大きな関心事であったといえよう。

かつて拙稿「元和九年秀忠上洛の江戸出立日をめぐって」(『日本歴史』八〇八、二〇一五)において、元和九年(一六二三)の秀忠上洛の江戸出立日をめぐる大名の情報収集について、伊達氏や佐竹氏等を事例に検討を加えたが、小稿では「多久家文書」のなかの「御上洛」文言のみられる年未詳の史料二点を取り上げて、年次比定を進めるなかで、佐賀藩主鍋島勝茂が得た「御上洛」情報の真偽について、若干の検討を試みようとするものである。

## 第一節　「多久家文書」二四四号の年次比定と「御上洛」

早速、一点目の史料を紹介しよう。長文になるが、全文を掲げると次のようになる。

〈史料1〉「多久家文書」二四四号〈№二一七四〉

覚

一来年　御上洛有之由、去方より内意候、多分可為必定様子ニ候条、其心得尤ニ候、隠密ニ承たる儀ニ候条、誰へも噂不仕、両人迄心持ニ可然候事、

一馬廻之儀、伯耆守（神代常親）断申候ニ付而、山城（成富直弘）ニ可申付通、上り候砌申渡候、然者、鹿江茂左衛門尉、山城へ相付候へ共、当分者此地ニ而用所共候条、不差下候、就其、馬廻之者共用所等承、其外万事馬廻之儀、手つかへさる様ニと存、葉理左衛門尉差下候条、中野又右衛門尉（正守）此両人、当時山城へ付副分をも申付候様ニ可被申付候、理左衛門尉へハ此地ニ而申渡候、我等罷下候者、茂左衛門尉儀在国ニ可申付候条、可被得其意候、

一借銀、去年より無手付候条、当暮借銀返弁之員数、以校量返納可然候事、

一先日、中野兵右衛門尉（政利）より申遣候我等小遣料銀五拾貫目之儀、爰許事闕候条、早々可差上候、右五十貫目之外ニ仕出銀なと於有之者、廿貫目ニ而も、卅貫目ニ而も、右同前ニ可差上候、さ候ハヽ、五十貫目ハ大坂ニ而小判ニなし、其外二三十貫目之儀者、銀子ニ而可差上候事、

一爰許為見廻、家中之者上下ニよらず罷上儀、堅法度ニ可被申付候事、

一相字書付、封シメニ我等印判をつき遣候、先様隠密之儀有之刻ハ、右相字を書可遣候、其許よりも如其ニ可然候、尤、差立たる隠密之儀計ニ書載被申、むさと書被申間敷候事、

一伯耆守断申ニ付而、馬廻頭人差免候、就其、用所等承候儀、遠慮申儀も可有之候条、さ様ニ無之様ニ、談合日ニも罷出、何事も此中ニ不相替様ニ覚悟可然通、念を入伯耆守へ可被申聞候、

一鵜野八兵衛を以被申越候趣之類ハ、此中も如申候、美作（多久茂辰）・若狭（鍋島茂綱）・豊前（諫早茂敬）三人之連判ニ而、先様可被申越候、為心得申遣候、今度者判紙相副被差越候付而、爰元仕能尤之心遣と存候事、

一彦右衛門尉連判仕候心遣之儀、是又尤ニ存候、先様も事ニより彦右衛門尉加判仕、可然候事、

一成冨蔵人・満野三右衛門尉此両人、先様横目ニ申付候条、其段可被申渡候、尤、此中之横目同前ニ誓紙可被申付候、誓紙之案文ハ在国之横目手前ニ可有之候間、如其ニ可然候、

右十ヶ条之手頭見届、得其意候迄を可被申越候、銘々点合候へハ、落散候時不可然事ニ候条、申儀ニ候、已上、

信守(鍋島勝茂)〇(黒印)

七月廿三日

多久美作(茂辰)殿

諸岡彦右衛門尉(茂之)

この史料は、江戸に在府中の藩主鍋島勝茂から、国許の家臣多久茂辰・諸岡茂之の両人に宛てた「手頭」＝指示書である。詳細を論じる余裕はないが、両人に対して一〇ヶ条にわたって種々の指示を出している。その第一条に「来年　御上洛有之」との情報を得たことが記されている。情報源は「去方」とあるが、幕閣の誰かであろうか。

因みに、この件と直接関連するものではないが、寛永十六年(一六三九)と推定される五月十五日付 多久茂辰・諸岡茂之宛 鍋島勝茂書状(「多久家文書」二四八号〈№二一七八〉)には「武具修理之儀、去方へ得御内意候」とあり、やはり同年と推定される六月十二日付 多久茂辰・諸岡茂之宛 鍋島勝茂書状(「多久家文書」二五一号〈№二一八一〉)のなかに「武具修理之儀、讃岐守殿・伊豆守殿・豊後守殿へ得御意候」とあって、「去方」とは讃岐守＝酒井忠勝、伊豆守＝松平信綱、豊後守＝阿部忠秋といった幕閣(の一人)であることを示していよう。

さて、〔史料1〕に戻り、同史料の年次比定を試みておこう。宛所の多久茂辰・諸岡茂之の両名のうち、多久茂辰は寛永十二年六月二十三日に「国元諸仕配」を命じられ、同時に諸岡茂之は「雑務方」を命じられており(『佐賀県史料集成』古文書編第十巻所収「多久家書物御什物方指出」五)、多久茂辰とその補佐役である諸岡茂之を中心として、佐賀

藩は財政再建に取り組むことになったといわれている（城島正祥「寛永後期の佐賀藩政」同著『佐賀藩の制度と財政』文献出版、一九八〇）。

こうして、寛永十二年以降、多久茂辰・諸岡茂之両名に宛てた勝茂の書状等がみられるようになるが、諸岡茂之は正保三年（一六四六）に罷免されるので、〔史料1〕はこの間に入るものと推測される。そして、四ヶ条目に登場している中野正利は、初めは「兵右衛門」と称したが、寛永十七年二月の時点では既に「数馬佐」に改名しているので（『佐賀県史料集成』古文書編第二十四巻一〇一号）、寛永十二年から同十六年までに〔史料1〕の年次を推定する幅が狭められる。

さらに、「多久家文書」には〔史料1〕と同月日で勝茂から多久茂辰に宛てた書状が残されているが、その一部を次に引用してみよう。

〔参考史料1〕「多久家文書」三五八号〈No.二二八九〉

（前略）

一豊後為御目付大久保権右衛門尉（正信）殿・能瀬次左衛門尉（頼重）殿御下之刻、権右衛門尉殿者大坂ゟ我等早船壱艘・荷船二艘ニ乗船之由被申越、得其意候、然者、右御両所へ書音申候儀、逼塞時分ニ候条、先以延引可申候、其方ゟ音信なと被申可然候ハん哉之由、尤之儀候、右之仕合故、我等ゟ者無音申候、隣国之儀候条、至其元相応之御用共候ハヽ、可被仰聞由申述、其方ゟ何そ音信可然候、将亦、鵜野八兵衛ニ而被申越候隣国批判之米塩之儀、豊後御目付衆へ、其方私ニかろく有躰可被申分候、乍然、其元今程之時分次第ニ可然候、何も葉利左衛門尉口上ニ可申達候、

謹言、

信濃守

七月廿三日　　　　　　勝茂(鍋島)(花押)
多久美作殿(茂辰)
進之候

この書状は、引用部分冒頭にみえる豊後目付の交代の記載から、寛永十五年と推定される。そして、右の文中には〔史料1〕にも名前がみえる葉利(理)左衛門尉・鵜野八兵衛が登場している。「葉」については文末に「葉利左衛門尉口上ニ可申達候」とあり、〔史料1〕の「葉理左衛門尉差下候条」に対応しているといえようか。この時、勝茂は「逼塞時分ニ候条」とあるように、島原天草一揆(島原の乱)での軍令違反を咎められ逼塞中の身であった。とすれば、〔史料1〕の五ヶ条目で、家中に対し勝茂への見舞を禁じているのも、逼塞中のためと理解できるのではないか。

同じ日付で、多久茂辰・諸岡茂之両名に宛てて「手頭」として施策上の指示を出すとともに、多久茂辰に対しては別に書状を認めて、逼塞中の対処について指示したといえようか。以上の点を勘案すれば、〔史料1〕の年次は寛永十五年に比定できるのではないか。広く取っても同十二年～同十六年の間のものと考えられる。

それでは「御上洛」についてであるが、将軍・大御所の上洛があった年次をまとめれば、

徳川家康…慶長十六年(一六一一)三月、同十九年十月、同二十年四月
徳川秀忠…元和五年(一六一九)五月、同九年五月
徳川家光…元和九年六月、寛永三年(一六二六)八月、同十一年七月

となる。これに照らすと、〔史料1〕の年次とした寛永十五年はもとより、同十二年～同十六年としても、この間に該当する将軍や大御所の上洛はない。

したがって、結論的には〔史料1〕の「御上洛」情報は虚偽＝誤報であったということになろう。寛永十五年という年次比定が妥当ならば、時あたかも島原天草一揆の事後処理の最中であり、もとより想像の域を出るものではないが、場合によっては将軍の上洛が取沙汰される状況もあったのであろうか。

## 第二節　「多久家文書」二五三号の年次比定と「御上洛」

次に掲げるのは、二点目の「御上洛」文言のある史料である。

〔史料2〕「多久家文書」二五三号〈№二一八三〉

一書申遣候、仍図書（多久茂富）事相煩申ニ付而、此中早々可罷下由申候へ共、我等も頓而下国可申候条、其刻と申候て致延引候、煩も少よく候間、頻ニ申候て今日差下申候、其元にて無油断養生申候様ニ肝用候、爰元御普請四所請取、大かた成就申候処ニ、又一所被相渡、今朝より取かゝり申候、四五日中ニ出来可申と存候、然者、　将軍様来ル十七日ニ必可為御上洛由候、爰元にて各御暇出可申由申候間、我等も頓而可罷下候、於様子者図書可申候条、不能重筆候、恐々謹言、

正月十五日　　信濃守
　　　　　　　勝茂（鍋島）（花押）

多長門殿（多久安順）
　　御宿所

まずは人物紹介であるが、宛所の多久安順は佐賀藩の重臣であり、慶長十三年（一六〇八）に長門守となり、寛永十

三年（一六三六）に隠居し、〔史料1〕〔参考史料1〕にみえる多久茂辰に家督を譲り、同十八年に死去している。もうひとり、文中にみえる「図書」＝多久茂富は、安順の養子となり、慶長十三年に図書頭となる。そして、寛永五年に安順より勘当され、そのため多久家の家督は、寛永十三年に安順の孫の茂辰が継いだのである。

さて、右の史料は、「御普請」＝公儀普請に携わっている多久茂富が病気のため国許に帰ることなどを、勝茂から国許の多久茂辰に知らせたものであり、勝茂と茂富はともに普請場に赴いていたと思われる。この書状のなかに、「将軍様来ル十七日ニ必可為御上洛由候」と、将軍上洛のことが記されているのである。

なお、多久茂富が公儀普請に関わったことを示す史料として、〔史料2〕のほかに次の史料がある。

〔参考史料2〕「多久家文書」二六二号〈No.二一九二〉

「（端裏結封上書）
（墨引）　図書（多久茂富）　まいる　ゟ　信守（鍋島勝茂）」

尚以、北之丁場、早々出来ノ様ニ、談合可被申候、

北之丁場を、はや築候由申来候、今日ハ、我等儀罷出ましく候間、たゝ今、其方被罷出、ますかた根切入石、たんそく談合可被申候、ゆたんあるましく候、必十五日ゟ可被申付候、かしく、

〔参考史料3〕「多久家文書」二七二号〈No.二二〇二〉

「（端裏結封上書）（多久茂富）
（墨引）　図書　まいる　　信守（鍋島勝茂）」

北の丁場明日ゟ仕、一両日中ニ出来候様ニ可被申付候、又ますかたの石あらため、其方可被存候、十五日ニ仕度候、

一松筑前殿（前田利光）ふけ丁場、此方ゟ築候所、今日出来可申之由候間、明日ゟ北ノ築かけ丁場一鑶ニ取懸り、一両日中ニ出

来候様ニ、四与頭へ談合可被申候、
一ますかた十五日ゟ取懸り候事、承度候、とかくますかたの石あらため、一艘其方存候て、可被申付候、ゆたんあるましく候、
一先ニ中忠兵（中野茂利）にて如申候、つほ数ニあわせ、大石とらせ可被申候、さ候て、石場の人、一人成共、此方へよひ申度候事、

ともに勝茂から多久茂富に対し、普請に関わる指示を出したものであるが、両人はともに普請場に赴いていたのであり、近い距離でのやりとりであることが、文面からも書式からも想定できる。そして、〔参考史料2・3〕の普請は同一の普請とみられるが、〔参考史料3〕に「松筑前殿ふけ丁場、此方ゟ築候」とあるのを〝崩れてしまった加賀前田利光（後の利常）の普請場を鍋島方で築いた〟と解釈し、一方、多久安順の系譜に、

〔参考史料4〕　多久市郷土資料館蔵本「水江事略」巻之七・安順公譜之下

寛永元年甲子　御年六十二　春ノ比ヨリ大坂ノ城普請始マル

（中略）

中野三代集　加賀衆築立ノ石垣崩レタルニ依テ、諸手ヨリモ御加勢有リシニ、右近佑・市佑両人相談ニテ、神右衛門へ普請者二百人ヲ副へ差出ス、公儀奉行衆両人一日ニ両度ツヽ崩レ丁場ヲ見廻ハラレケルカ、其内崩レ石垣ノ石取除ケテ根ヲ切直シケル時分、御奉行衆肩ヲ脱カレ水ノ内ニ御入リ有テ深サノ吟味有リシ時、鍋嶋殿丁場ヲ手本ニト下知セラレシ、

とあることなどによって、この普請は寛永元年の大坂城普請のことであり、〔史料2〕も一連のものと考えてきた（第一回シンポジウムでの報告）。

しかし、詳しくは本書第一章の及川亘「現場監督する大名―多久家文書にみる公儀普請―」をご覧いただきたいが、同論文により、〔参考史料2・3〕は慶長十五年の名古屋城普請の関係史料であることが明らかになった。そして、〔史料2〕については、慶長二十年(元和元年〈一六一五〉)の大坂城普請の関係史料と推定されている。

それでは、「御上洛」についてはどうであろうか。〔史料2〕によれば、勝茂は正月十五日付で、「来ル十七日ニ必可為御上洛由候」と、二日後に必ず上洛があることを伝えている。しかしながら、〔史料2〕の年次が慶長二十年だとすれば、前述したように同年には大御所家康が上洛しているが、それは四月であって正月ではない。そもそも、上洛するのは「将軍様」というのであるから秀忠のことになるが、慶長二十年に秀忠が上洛したことは知られていない。となると、〔史料1〕のように「来年」のことではなく、わずか二日後のことであるが、この「御上洛」情報も誤報であったのであろうか。

実は、この時秀忠は、大坂冬の陣後の大坂城城割普請のため大坂に滞在しており、大坂からの入京を「御上洛」と称したのであった。勝茂も、多久茂富とともに大坂に逗留していて、そこで得た「御上洛」情報を国許の多久安順に知らせたといえる。すなわち、こちらは誤報ではなかったのであるが、この「御上洛」をめぐる詳しい事情は、本書第二章の大平直子「多久家文書にみる大坂冬の陣後の城割普請」に委ねたい。

## おわりに

以上、「御上洛」文言の入った二点の史料を取り上げ、年次比定とも絡めて、「御上洛」情報の真偽について検討してみた。

〔史料1〕の年次比定が妥当だとすれば、そこに記された「御上洛」情報は誤報ということになる。「去方より内意候、多分可為必定様子ニ候条、其心得尤ニ候」と、勝茂はかなりの確信を持っていた様子が窺えるが、この時期に計画が持ち上がったものの幻に終わった「御上洛」があったのか、単なる誤報だったのか、興味を惹かれる。他方、〔史料2〕の「御上洛」情報は誤報ではなく、その真相は大坂からの入京であったが、これも「御上洛」と認識されたのである。

一方は誤報であり、他方は事実であったが、ともに「御上洛」情報にまつわる興味深い事例といえよう。

# 附章四　肥前杵島郡白石地域と鍋島勝茂

小宮　木代良

## 第一節　「多久家文書」五号〈№一九三五〉の年次比定

〔史料1〕「多久家文書」五号〈№一九三五〉

（端裏結封上書）
「（墨引）　長門殿まいる（多久安順）　信濃守（鍋島勝茂）」

半右衛門尉打果候儀、左兵衛殿へ一通之儀を今度申入、可然候ハン哉、後日之儀、校量候て、能々加州へ御談合候て、様子、忠兵衛（中野茂利）にて可承候、申入事、不入事候ハヽ、相ひかへ可申候、我等儀、たヽ今白石へ罷越候間、貴所へ右之趣申置候、委忠兵へ可申達候、　かしく、

三日

（傍線は引用者、以下同じ）

右の竪紙文書の中で鍋島勝茂は、「半右衛門尉」（傍線筆者）を「打果」したことを「左兵衛」へ申し入れるべきかどうかについて、「加州」に談合するように多久安順に依頼している。「加州」は、鍋島直茂のことである。慶長十七年（一六一二）三月十二日付 円光寺元佶宛 鍋島直茂・同勝茂連署書状（三岳寺文書一一）には、右のことに関連する記載がある。

〔史料2〕

（上略）等安へ被成御面談、半右衛門尉様子御尋候処、左兵衛殿前可然様ニ取成申之由候ニ付而、貴僧様より等安

へ被成御音信之通、御念入たる儀、乍案中ニ候、等安へ被遣候返書写被下、披見、得其意中候、其ニ付、御城にて左兵衛殿へ被成御物語候へハ、無相違合点被申候通、被仰聞、満足此御事候、等安へ何様右之一礼可申達候、（中略）半右衛門尉儀ニ付而柳豊（柳川智永）色々依入魂、様子懇ニ被仰分候由忝存候、自是必一礼可申入候条可御心安候、（中略）半右衛門儀ニ付而長崎へ人数差越候儀、不可然之由、存其旨候、聊さ様之仕合にて無御座候つる、様子は定而石清五左衛門尉可申分と存候、

「等安」は、長崎代官の村山等安であり、そうすると「左兵衛」は、当時の長崎奉行長谷川左兵衛藤広であることがわかる。この前後の経緯について、享保ころに編纂された『勝茂公御年譜』では、以下のように記す。

〔史料3〕

今年（慶長十六）、秀半右衛門役方に誤り有之ゆへ、致出国行方不相知所に、加藤主計頭（清正）を頼、肥後へ罷居る由顕然に付、直茂公より馬場清左衛門・今泉吉右衛門を肥後へ被差越、半右衛門御探促ありしかとも手にいらすに付、主計頭へ被仰入し処に、可差出との返答は有なから、兎角も埒不明、（中略）然ニ同年霜月に、秀一家を長崎へ隠し有之由相知しに付、七左衛門（鍋島茂賢）罷越、長崎中探促にて、末次等安と云者隠し置の由承出、かの家にいたり、（中略）其動揺を半右衛門聞付て、はや家に火をかけ、霜月廿四日、その身兄弟幷妹婿腹搔切て死、七左衛門、彼三人の首を持て佐嘉へ帰る、直茂公御感不大形、其首を加勢（嘉瀬）と八戸の間に獄門に懸させらる、彼秀半右衛門ハ耶蘇宗門の者也、

以上から、〔史料1〕の「半右衛門尉」とは、慶長十六年十一月末に長崎で直茂の命により成敗されたとされる秀半右衛門のことを指していることがわかる。〔史料3〕の「末次等安」が、村山等安を指すとすれば、等安に匿われていた秀半右衛門尉のもとへ、直茂は手勢を向かわせ自害させたことになる。その事後処理として、長崎奉行長谷川藤広に説明を行うべきかどうかを直茂に相談するように、白石にいた勝茂が、おそらく佐賀城内の多久安順へ指示し

ていることになる。〔史料2〕では、駿府にいた円光寺元佶が、この件について等安や長谷川藤広に取り成しの労をとっていることへの礼が述べられている。この状では、同時に岡本大八事件に関係しても、佐賀藩の立場を駿府の家康や年寄たちへ取り成した元佶の働きに感謝している。岡本大八事件に関連して、多久安順は駿府へ派遣されており(慶長十七年四月一日着)、むしろこちらの方が重要な案件となっていた。ただし、そうしたより重要な案件をかかえていたからこそ、秀半右衛門の成敗に関連して、佐賀藩が勝手に長崎へ人数を遣わしたと咎められることには、非常に神経をつかっている。

〔史料1〕の成立は、〔史料3〕の記載及び〔史料2〕より、長崎での秀半右衛門成敗の直後、慶長十六年十二月ころから翌年二月ころにかけてということになる。天保期成立の『勝茂公譜考補』には、多久家文書からの引用として、この文書を「秀半右衛門被誅」の項に位置付けている。

## 第二節　白石秀之屋敷と鷹狩り

では、秀半右衛門成敗の時、勝茂は何故白石に来たのか。以下にその後の白石地域の位置付けを含めて検討する。秀半右衛門について、その詳細は明確ではないが、干出(ひで)と呼ばれた白石地域の在地有力者として、天正期の須古攻略の時に龍造寺方に味方して功績のあったとされる秀伊勢守の子であるとされる(『白石町史』)。半右衛門の成敗は、鍋島家臣であったとはいえ、この地域の有力土豪の断絶を意味する。半右衛門成敗の直後に勝茂が白石に出向いていることは、秀氏旧領現地での事後措置を行っていた様子を推測させる。秀半右衛門成敗の理由については、その事情を語る一次史料は存在しない。直茂側近が晩年にまとめた「直茂公御咄聞書」では、「秀島(マヽ)半右衛門なとは根をつよくいましめれ（ら脱カ）候」とある。直茂との強い確執も感じられるが、結果として、白石地域に強い勢力を持っていた龍造寺氏時代以来の家臣の一族が慶長十六年（一六一一）末段階で根こそぎ排除されてしまったということになる。

　この二年後の慶長十九年二月から七月にかけての勝茂から鍋島生三宛の四通の書状において、白石での屋敷作事が命じられている。

〔史料4〕　坊所鍋島家文書

(同年二月六日)白石へ少々作事申付度候、様子林斎可申候、猶用所共口上申候間、不具候、恐々謹言、（三五四号）

(同年五月二十七日)白石作事之儀、大形出来候由満足ニ候、（三六〇号）

(同年六月二十日)白石御作事、鑓之間・台所・次之間・物□所皆立申候、此中之家何もかよハく候て、連々修理六ヶ敷御座候間、今立申家ハぢミに申付候、吉島五郎左衛門尉別而肝煎申候事、（三六二号）

(同年七月六日)白石作事、吉五郎左衛門へ被申付、大形相調候由、満足申候、書院風呂屋立申度存、差図並従天満右之材木差下候条、大工安右衛門へ被申付、冬前何とそ出来候様ニ被申付候、従上方差下候材木、大廻り候へは延引可申候条、伊万里へ船をつけ、彼地ゟ直ニ白石へ参候様ニ申付候、其心得候て、人夫之儀可被申付候、将又、大書院之儀も罷成候は、立候て見可被申候、委安右衛門口上ニ申候、（三六五号）

　この屋敷は、勝茂本人が白石地方に来る時の宿舎であり、この後、鷹狩り等のため、勝茂は晩年まで白石をたびたび訪れる。この間、屋敷を中心とする一体は、佐賀藩の蔵入り地として位置付けられ、また、干拓による開発が進められたものと推測される。勝茂の鷹狩りは、勿論彼自身の楽しみでもあるが、いっぽうで、干拓可能地を控え、佐賀藩直轄の重要な蔵入り地となった白石地域開発ともリンクしていたことは否定できない。

　直轄地化から二十八年後の寛永十六年（一六三九）十一月十九日付 多久茂辰・諸岡茂之宛 勝茂書付（「多久家文書」七

一二〈No.一八〇二〉では、「田畠物成之分ハ、一職白石秀之屋敷廻りニ一所ニ寄せ候て可然候」との指示が出されている。また、正保元年(一六四四)と推定される十二月九日付 多久美作外三名宛 鍋島勝茂書状(「多久家文書」四〇二号〈No.二三三四〉)では以下の指示が出されている。

〔史料5〕

一書申遣候、西目百姓ともへ銀子七拾貫目、並白石百姓共馬買候用として拾五貫目、合八拾五貫目借シ候様ニ有度通、山本甚右衛門尉(重澄)ゟ申越候、さ候へハ、此中彦右衛門尉(諸岡茂之)存候而、諸郷へ過分之借銀借シ入、年々其返弁色々相懸候故、蔵入百姓共迷惑申、就中、白石十ヶ村之百姓共、相つふれあくミ候て有之通、当春承候、(中略)右白石百姓共、馬買候用として、借シ候様ニと申越候銀之儀ハ、縦七拾貫目銀借シ不申候共、彼地へハ我等切々罷越、百姓共何かに辛労申在所ニ候条、利足安ク候て借シ可申と存候、此段も右同前ニ重而可申遣候、(下略)

ここでは、「白石百姓」が勝茂にとって特別な存在であることを強調している。さらに関連する勝茂の印判達状(秀林寺蔵、『改訂白石町の文化財』〈佐賀県白石町教育委員会編、一九九三〉六〇頁所収の写真による)を示す。

〔史料6〕

(写真前欠)通、今度申遣候、其心得可申候、白石百姓共之馬買候用ニ借し候様と申越候銀子之儀は、我等彼地へ節々罷越、百姓共何かに辛労申在所ニ候条、利足安ク候て借シ可申と存候、此段も右同前ニ重而可申遣候、

一(中略)

一白石秀之寺□□□□候由可然存候、高傳寺ゟ被遣置候出家□□□、来年にても方次第移申可然候、さ候へハ、右住持主従之飯米相私候様ニと申越、尤存候、就其、白石口米方之内より毎年相渡候様ニと、今度、重松六左衛門・野田権兵衛へ切手遣候条、敷地□□□、主従飯米相渡候、住持へも申□□□□、

（下略）

後半では、さらに、「秀之寺」すなわち秀林寺に佐賀藩主菩提寺の高傳寺から住持を派遣することを伝え、その飯米の手当を指示している。

## 第三節　秀津における勝茂の由緒・文書

その後、白石屋敷につらなる町場が形成された。当初秀町と呼ばれているが、幕末ころには秀津と呼ばれている。

〔史料7〕「長州御追討方御雇船艀子賃銀御願立相成候手続一通」鍋島文庫

秀町　　御判物写

竪紙物

殿様白石御越之刻、於町中、肴・野菜・薪等之売物無之、下々不自由ニ可有之と被思召上候条、吟味を以申付候様ニと被　仰出候、就而ハ秀町之者共申上候趣、馬渡七大夫・生野市佐・斎籐権兵衛被遂披露候処、被差免候条々、

一於白石郷中明シ松商売之儀、秀町之者被仰付候事、

一あい物並塩之事、

一茶・多葉粉・紙之事、

一布・木綿・同染物之事、

右三ヶ条於秀町中、他所之者として持来、商売仕間敷候、町中之者江被仰付候事、

一白石郷中ニあい物振売仕候儀、秀町之者へ被差免候事、

一秀町六反帆之船より壱挺船迄、合拾三艘船役・舸子役被差免候事、
但、此中免置候五艘加之、
右之通ニ被仰付候半者、白石御越之刻、肴・野菜・茶・薪等きれ不申候様ニ可仕由、町中之者連判之墨付被仰出候付而ハ、如右被仰付候条、先様無相違様ニ可被申付候、已上、
明暦二年　御判
卯月十二日　　　　相浦源太左衛門
重松近(マヽ)左衛門殿
大島藤次左衛門殿

竪紙物
白石秀町祇園建立ニ付材木大小拾五本差出可申候条、白石山之内、勝手能在所より可被相渡候、但、夫手間之儀者、秀百姓共より馳走可仕由申候条、其心得可申候、以上、
正保三年　御判
十二月十二日　　　　野田右衛門允
同権兵衛尉
同平左衛門尉

竪紙物
白石秀祇園社修造勧進之儀、被差免候、白石中之儀勿論也、於杵島郡中も到盆洛(凡俗か)之輩勧進被申候儀存候也、

寛永廿一年霜月十六日　　多久美作守判

宮司

白石秀町於祇園会、あやつり仕候儀、所々賑ニ罷成候条、被差免候様と請　御意候処、自余之在所と者各別候条、以来も祇園会ニ者あやつり申付可然由御意候、尤、喧嘩口論其外不作法之儀、聊無之様ニ令気遣、代官江時々可被致相談候、已上、

承応三年　　鍋嶋玄蕃允判

六月二日　　鍋嶋内蔵助判

白石秀町祇園

宮司

右の史料は、幕末の元治元年（一八六四）、秀津咾喜右衛門・同別当喜太夫から佐賀藩の代官に提出された嘆願書中に引用されている「竪紙物」と呼ばれる文書四通の写である。この嘆願書が出されたのは、同年の長州征討のための佐賀藩領内からの舸子の動員に対して、代銀納を願うためであるが、その時に、秀津（秀町）が鍋島勝茂との間で結んでいた由緒を示したのが、右の四通である。

一通目は、鍋島勝茂滞在中の秀町の負担に対して、①松明やあい物等の町中における専売、②白石郷中におけるあい物ふり売の免許、③秀町内の船役・舸子役の免許を命じた勝茂の達状である。とりわけ③の部分は、元治元年の嘆願書において、もっとも強調したかった由緒である。相浦源太左衛門は、承応のころには勝茂の側近として登場し（『勝茂公譜考補』）、重松は、島原一揆の時、「白石海辺」の取り締まりにあたっていた（『勝茂公御年譜』）。先の〔史料6〕にも名前のあった重松六左衛門と同一人とも考えられる。勝茂は、この時佐賀におり、同年九月に参勤、翌年三

月に江戸で歿する。前年の明暦元年(一六五五)十一月ころにも白石への鷹狩りに赴いており、長年親しんだ白石地域への最晩年における思い入れがうかがえる。二通目から四通目は、秀町の祇園社に関わるものである。祇園社は、寛永十八年に勝茂の命で須古から秀町に遷座されたとされる(前掲『改定白石町の文化財』五一頁)。二通目の野田権兵衛も、先の〔史料6〕にみえる。この史料でも勝茂の指示で祇園社関係の整備がなされていることがうかがえる。

以上のように、白石地域は、勝茂にとって慶長十六年以来晩年にいたるまで長期にわたっての重要な土地となった。その持つ意味は、干拓地拡大の可能性の大きいひとまとまりの蔵入地の中心としてであり、また、鷹狩りという個人的な楽しみの場所でもあった。さらに、位置的には、西目支配の要所であり、佐賀城下から長崎へ有明海沿岸の陸路を行く時の中継点でもある。そうした勝茂と白石地域の関係の出発点として「多久家文書」五号〈No.一九三五〉の文書は位置付けられる。

## おわりに

勝茂は白石に出向いた時、それまで白石地域の旧勢力の中心にいた秀氏の滅亡事件の善後策検討の必要性に直面した。その一つは事件が長崎で長崎代官を巻き込む形で行われたことによる公儀向きの対策、そしてもう一つは、白石在地における支配の安定であった。前者については、〔史料2〕にみられるように、この直後ごろから翌年五月ころまでの岡本大八事件において、佐賀藩と有馬家のこの地域の領有をめぐる長年の争いが、幕府の裁定により最終的に解決される過程と重なっていた。後者については、この後、二年後の白石屋敷の作事をはじめとする現地の開発が開始された。その意味で、佐賀藩における西目支配のターニングポイントであったともいえる。

# あとがき

本書は、多久家文書共同研究プロジェクトの現時点における成果の一部を、「近世前期における公儀軍役負担と大名家」というテーマでまとめたものである。四報告のうち、はじめの二報告は公儀普請にかかわるもの、あとの二報告は、長崎番役にかかわるものである。

まず、二〇一七年度シンポジウム第一報告をもとにまとめた及川論文では、公儀普請現場で陣頭指揮をとる大名の姿に注目し、公儀普請関連の多久茂富宛鍋島勝茂自筆書状一〇通を分析している。近接した位置にいる両者の間で取り交わされるこれらの書状には、日付がないものがほとんどであり、また、両者にとって周知のことは記述されないため、ほとんど具体的な文言に乏しい。これらについて関連文書や城図等も用いながら、順次仮説を論理的に積み上げて、その時期と内容を確定している。結果として、うち八通が慶長十五年（一六一〇）の名古屋城公儀普請に関係するものであり、残りの二通もその可能性が高いことを明らかにした。また、このような普請現場への大名本人の出勤は、元和から寛永にかけて行われなくなることも指摘している。

第二報告をもとにまとめた大平論文では、『佐賀県史料集成』で「（慶長十九年ヵ）」という年次比定がなされ、頭注に「江戸城普請ヵ」とあった正月十一日付 多久安順宛 勝茂書状を再検討している。関連する正月十五日付 多久安順宛 勝茂書状や、この前後の伊達政宗書状にある秀忠の「御上洛」記事を比較検討した結果などから、この書状が慶長二十年のものであり、この場合の「御普請」は、大坂冬の陣の終結直後に行われた大坂城の城割普請であることを明らかにした。

第三報告をもとにまとめた清水論文では、佐賀藩の長崎番役が始まる寛永十九年(一六四二)から正保四年(一六四七)のポルトガル使節船来航までの間において、佐賀藩は長崎警備体制を具体的にはどのように構築していったかについての解明を目指している。とくに本論文では、正保二年における多久家文書中の勝茂と多久茂辰等とのやりとりを分析することにより、鍋島勝茂が、正保二年二月十二日付の幕府老中奉書を受けて、使節船の来航を強く意識しながら、来航時における具体的な対応の指示、出兵の定書の作成、その年の当番であった福岡藩の警備状況の調査、井楼船・大船建造の指示、等を行っていった経緯を跡づけている。

第四報告をもとにまとめた小宮論文では、『佐賀県史料集成』で「(正保二年ヵ)」と比定されている六月二十五日付多久茂辰外五名宛 勝茂書状について、長崎上使となった幕府旗本の家譜、幕府右筆所日記、柳川立花家文書、長崎オランダ商館長日記、「華夷変態」等とすりあわせながら、年次の確認と内容の検討を行った。その結果、年次については正保二年であることを確認できたが、長崎への上使派遣の日程やその目的については、勝茂の認識との間に違いがあることが明らかになった。清水報告と同じ正保二年の出来事であるが、ポルトガル船来航の問題とは別に、明清交替に関わる大陸での大変動を受け、幕府自身が掌握していた情報認識と、各大名の情報認識との間に、無視できない違いが生じていた可能性を指摘した。

以上の報告の成果を踏まえ、軍役負担問題の理解に関する若干の展望を述べる。

佐賀藩に限らず、軍役賦課と同時に、各大名家間での情報交換があり、それに基づいた準備と実行体制構築の指示がなされる。当該期の佐賀藩においては、多久安順・多久茂富・多久茂辰等と鍋島勝茂の間において、そのやりとりが行われている。

基本的には、将軍による大名の改易が頻繁に行われる状況下、公儀からの軍役は、地方の権力としては拒否できないものであった。これに対して、軍役負担をむしろ積極的に受け入れることにより、改易等の危険性を回避する志向があった。佐賀藩の場合、関ヶ原での西軍参加や、原城惣攻時の抜け駆けへの処分を受けた経験があり、軍役を積極的に受け入れざるを得ない要因をより強く持っていた。こうした近世前期における軍役負担と藩権力の関係は、その後変化することはなかったか。たとえば、幕末において、長崎警備強化を根拠として幕府に求めた拝借金や天草天領の佐賀藩預り地化要求は、「負担」のみには止まらない軍役の意味変化を物語っている。

**付記1　二〇一五年度シンポジウム報告分のうち四報告について**

以下、今回のテーマを直接に意識して報告されたものではないが、二〇一五年度報告をもとにまとめられた四報告について述べる。

松田報告では、『佐賀県史料集成』において「(寛永十九年ヵ)」という年次比定がなされた正月十八日付 成富直弘外十名宛 勝茂書状を再検討している。登場する人名等から年次を絞り込み、かつ勝茂と元茂・直澄・直朝の将軍への御目見等を示す関連書状の検討等から、これが寛永十六年のものであり、前年の原城攻時の軍令違反処分としての逼塞処分が解除された直後のものであることを明らかにした。

及川報告では、勝茂の自筆文書の形態と封式を詳細に分析・検討し、とくに竪紙文書の巻き方や封式(結封・捻封)、墨引きの違い等を明らかにした。自筆文書には年月日のないものも多く、これらの成果は、今後の年次比定に役立てられていくものである。すでに、先の二〇一七年シンポジウム及川報告における多久茂富宛 勝茂自筆書状の分析にも生かされている。

佐藤報告では、文面中に「御上洛」との文言がある勝茂書状二通の年次を検討している。その結果、一通目の七月二十三日付 多久茂辰・諸岡茂之宛 勝茂覚は寛永十五年のものであるが、そこに記された「去方より内意」で知らされた「来年　御上洛有之由」との情報は結果的には誤報であったことを明らかにし、二通目の正月十五日付 多久安順宛 勝茂書状は、前出の二〇一七年シンポジウム時の及川報告および大平報告の成果を踏まえ、慶長二十年のものであり、そこに示された「将軍様来ル十七日ニ必為御上洛由」との情報は誤報ではないが、大平報告にあったように、あくまでも大坂からの入京であったことを指摘した。

小宮報告では、「半右衛門尉打果候儀」で始まる日付が「三日」とのみある多久安順宛 勝茂書状の年次比定を行った。その結果、「半右衛門尉」に関わる事件は、慶長十六年末の直茂の命による秀半右衛門尉成敗事件を指し、本書状は、その事後処理にかかわる勝茂からの指示を示していると推定された。この問題は、翌十七年に駿府において円光寺元佶から幕閣への取り成しの案件の中にも出ており、同時に解決が急がれた岡本大八事件同様、佐賀藩の西目支配確立の画期のひとつと位置づけられ、また、その後の勝茂の白石とのかかわりの出発点でもあったとも考えられる。

## 付記2　今後の計画と方向性について

最後に、本共同研究プロジェクトの今後の計画と方向性について述べておきたい。

これから、本プロジェクトは、引き続き二〇二〇年度まで、科学研究費「近世大名家臣家史料の共同分析—多久家史料の読み直しを中心として—」(基盤研究(C)研究代表者 小宮木代良)による活動を続け、それまでに多久家文書のうち近世前期分の文書の大部分(約七〇〇点余)の検討を終える計画である。それにより確定した一点ごとの年次比定等の成果については、報告書をまとめる予定であるとともに、データベースとしても広く公開できるように準備を進めている。

今後の方向性としては、多久家文書における共同研究の経験を生かしながら、近世前期における膨大な他の武家文書群のうち、年次未比定のものの検討にも活動を広げていきたいと考えている。その場合、中心となるのは、多久家文書同様に、大名家家臣家に伝来した文書群である。当該期の藩主文書は、家臣側に残された史料群の中にもっとも多く伝存しているが、大名家側に伝来した文書群に比べ、その分析、検討は遅れている。全国的に多くの文書群があるが、佐賀藩関係では、坊所鍋島家文書が、多久家よりもやや早い時期のものから多数伝存している。

多久家文書共同研究成果の完成・公開を目指すとともに、さらに今後の広がりを見据えながら進めていきたい。

（小宮　木代良）

【執筆者紹介】50音順

**及川　亘**（おいかわ・わたる）1970年生まれ。

東京大学史料編纂所准教授。

日本中・近世史専攻。中世後期〜近世前期の都市・流通史を研究テーマとする。論文に「旅行者と通行証」（高橋慎一朗・千葉敏之編『移動者の中世　史料の機能、日本とヨーロッパ』東京大学出版会、2017年）、「中世の戦争と商人」（高橋典幸編『生活と文化の歴史学5　戦争と平和』竹林舎、2014年）、「戦国期の薬師寺と唐招提寺」（勝俣鎮夫編『寺院・検断・徳政　戦国時代の寺院史料を読む』山川出版社、2004年）などがある。


**大平 直子**（おおひら・なおこ）1973年生まれ。

佐賀市教育委員会文化振興課主任。

日本近世史専攻。論文に「竜造寺高房の叙任と江戸詰めについて」（『佐賀大学地域学歴史文化研究センター研究紀要』第9号、2015年）、ほかに『佐賀城史料集』（佐賀市教育委員会、2017年）の執筆などがある。


**佐藤 孝之**（さとう・たかゆき）1954年生まれ。

東京大学史料編纂所教授。

日本近世史専攻。近世村落史、とりわけ近世山村史、および幕領支配の研究等にあたっている。著書に『近世前期の幕領支配と村落』（巖南堂書店、1993年）、『駆込寺と村社会』（吉川弘文館、2006年）、『近世山村地域史の研究』（吉川弘文館、2012年）などがある。


**清水 雅代**（しみず・まさよ）1964年生まれ。

佐賀県立図書館近世資料編さん室非常勤職員。

日本近世史専攻。論文に、「「鋳物の司職」日出嶋家と佐賀藩の鋳物業—宝暦・天明・寛政期の争論を中心に—」（『幕末佐賀科学技術史研究』第6号、2011年）、「鍋島家文庫における史料の存在形態—「勝茂公ヨリ忠直公江之御書附」を例として—」（佐賀大学地域学歴史文化研究センター『研究紀要』第8号、2014年）などがある。2013年より、多久古文書の村、多久古文書学校の活動に参加し、『佐賀藩多久領御屋形日記』の編纂に携わる。


**松田 和子**（まつだ・かずこ）1972年生まれ。

佐賀県立図書館近世資料編さん室主査。

日本中世史専攻。戦国期武士の文芸活動に関心を持つ。現在は佐賀藩に関する研究もおこなう。論文に「精煉方の活動—幕末佐賀藩の近代化産業遺産全般に対する歴史文献調査から—」（「幕末佐賀藩の科学技術」編集委員会編『幕末佐賀藩の科学技術下　洋学摂取と科学技術の発展』岩田書院、2016年）などがある。

【編者紹介】

小宮 木代良（こみや・きよら）1960年生まれ。

東京大学史料編纂所教授。
日本近世史専攻。幕府日記類の研究、近世初期幕藩政治史、佐賀地域史研究等。著書に『江戸幕府の日記と儀礼史料』（吉川弘文館、2006年）、論文に「松平忠直事件前後の諸大名の動員準備」（2009年度〜2012年度科学研究費補助金基盤研究〈B〉〈一般〉研究代表者小宮木代良「近世前期西南諸藩史料の統合的研究―大規模軍役動員時の幕藩・諸藩関係から―」研究成果報告書『十七世紀前半西南諸藩における大規模軍事動員』2013年）、ほかに「解題『白帆注進外国船出入注進』―有明海の船乗りの目から見た幕末―」（『佐賀県近世史料　第五編第二巻　白帆注進外国船出入注進』佐賀県立図書館、2015年）などがある。

近世前期の公儀軍役負担と大名家
―佐賀藩多久家文書を読みなおす―

岩田書院ブックレット
歴史考古学系H27

2019年（平成31年）3月　第1刷　600部発行

定価[本体1600円＋税]

編　者　小宮 木代良

発行所　有限会社岩田書院　代表：岩田　博　http://www.iwata-shoin.co.jp
〒157-0062 東京都世田谷区南烏山4-25-6-103　電話03-3326-3757　FAX03-3326-6788
組版・印刷・製本：熊谷印刷

ISBN978-4-86602-066-2　C1321　￥1600E

コピーOK

## 岩田書院ブックレット　歴史考古学系H

| | | | | |
|---|---|---|---|---|
| ① | 史料ネット | 平家と福原京の時代 | 1600円 | 2005.05 |
| ② | 史料ネット | 地域社会からみた「源平合戦」 | 1400円 | 2007.06 |
| ③ | たばこ塩博 | 広告の親玉赤天狗参上！ | 1500円 | 2008.08 |
| ④ | 原・西海　ほか | 寺社参詣と庶民文化 | 1600円 | 2009.10 |
| ⑤ | 田村　貞雄 | 「ええじゃないか」の伝播 | 1500円 | 2010.04 |
| ⑥ | 西海・水谷ほか | 墓制・墓標研究の再構築 | 1600円 | 2010.10 |
| ⑦ | 板垣・川内 | 阪神淡路大震災像の形成と受容 | 1600円 | 2010.12 |
| ⑧ | 四国地域史 | 四国の大名 | 品切れ | 2011.04 |
| ⑨ | 市村高男ほか | 石造物が語る中世の佐田岬半島 | 1400円 | 2011.08 |
| ⑩ | 萩原研究会 | 村落・宮座研究の継承と展開 | 1600円 | 2011.09 |
| ⑪ | 四国地域史 | 戦争と地域社会 | 1400円 | 2011.10 |
| ⑫ | 法政大多摩 | 文化遺産の保存活用とNPO | 1400円 | 2012.03 |
| ⑬ | 四国地域史 | 四国の自由民権運動 | 1400円 | 2012.10 |
| ⑭ | 時枝・由谷ほか | 近世修験道の諸相 | 1600円 | 2013.05 |
| ⑮ | 中世史ｻﾏｰｾﾐﾅｰ | 日本中世史研究の歩み | 1600円 | 2013.05 |
| ⑯ | 四国地域史 | 四国遍路と山岳信仰 | 品切れ | 2014.01 |
| ⑰ | 品川歴史館 | 江戸湾防備と品川御台場 | 1500円 | 2014.03 |
| ⑱ | 群馬歴史民俗 | 歴史・民俗からみた環境と暮らし | 1600円 | 2014.03 |
| ⑲ | 武田氏研究会 | 戦国大名武田氏と地域社会 | 1500円 | 2014.05 |
| ⑳ | 笹原・西岡ほか | ハレのかたち－造り物の歴史と民俗－ | 1500円 | 2014.09 |
| ㉑ | 四国地域史 | 「船」からみた四国－造船・異国船・海事都市－ | 1500円 | 2015.09 |
| ㉒ | 由谷　裕哉 | 郷土の記憶・モニュメント | 1800円 | 2017.10 |
| ㉓ | 四国地域史 | 四国の近世城郭 | 1700円 | 2017.10 |
| ㉔ | 福井郷土誌懇 | 越前・若狭の戦国 | 1500円 | 2018.06 |
| ㉕ | 加能・群馬 | 地域・交流・暮らし | 1600円 | 2018.11 |
| ㉖ | 四国地域史 | 四国の中世城館 | 1300円 | 2018.12 |